# 신데렐라는 없었다

심순애에서 길라임까지,
대중예술 속 신데렐라 이야기
변천사

신데렐라는 없었다
심순애에서 길라임까지, 대중예술 속 신데렐라 이야기 변천사

한국근현대생활사큰사전

초판 1쇄 인쇄 2022년 11월  1일
초판 1쇄 발행 2022년 11월 10일

지은이      이영미
펴낸이      이영선
책임편집    김종훈

편집      이일규 김선정 김문정 김종훈 이민재 김영아 차소영 이현정
디자인    김회량 위수연
독자본부  김일신 정혜영 김연수 김민수 박정래 손미경 김동욱

펴낸곳 서해문집 | 출판등록 1989년 3월 16일 (제406-2005-000047호)
주소 경기도 파주시 광인사길 217 (파주출판도시)
전화 (031)955-7470 | 팩스 (031)955-7469
홈페이지 www.booksea.co.kr | 이메일 shmj21@hanmail.net

ISBN  979-11-92085-74-6  93680

한국근현대생활사큰사전

대중감성 >>> 사랑

# 신데렐라는 없었다

심순애에서 길라임까지,
대중예술 속 신데렐라 이야기
변천사

이영미 지음

사회평론

머리말
:

아마 이 책에서 하는 주장은 두 가지 점에서 통념을 배반할 것이라 짐작한다. 하나는 100년이 넘는 우리 대중예술사에서 신데렐라 이야기가 언제나 흔하고 넘쳐나지 않는다는 주장이고, 다른 하나는 신데렐라 이야기가 주류 작품에 등장하는 시대는 그나마 수용자 대중이 자신의 미래에 대해 긍정적 기대와 희망을 가졌던 시대였다는 주장이다. 흔히 사람들은 가난한 여자가 부자 남자와 결혼하는 해피엔딩의 신데렐라 이야기란 늘 차고 넘치는 흔해 빠진 서사라고 생각한다. "그게 우리 대중예술사에서 아주 드물다고?"라고 반문할 사람이 적지 않을 것이다. 게다가 손발이 오글거릴 정도로 비현실적일 뿐만 아니라 비주체적 여성관을 지닌 이런 서사가 그 나름대로 희망 시대의 산물이라는 건 더더욱 말도 안 된다고 생각하는 사람도 많을 것이다.

　이런 마음은 충분히 이해한다. 나도 연구를 시작하기 전까지는 그런 통념을 갖고 있었다. 그런데 연구를 하다 보니 흥미롭게도 예상치 않은 결론이 나왔다. 연구란 그래서 재미있다. 통념과 상식을 뒤집는 사실을 발견하는 것은 연구자로서 꽤 짜릿한 일이다.

어찌 보면 우리가 한국의 대중예술에 대해 그리 깊은 연구 성과를 갖고 있지 않은 것이라는 생각도 든다. 온라인에서 조금만 '클릭질'을 해봐도 인기 대중예술에 대한 관심은 지나칠 정도로 차고 넘치며 '온 국민이 비평가'라 할 정도로 날카로운 분석과 평가도 많다. 학계에서도 개개 작품에 대한 연구 성과가 빠르게 쌓여가는 중이다. 하지만 이런 진지하고 분석적 관심을 가진 기간이 그리 길지 않아 그런지, 과거의 대중예술에 대한 깊이 있는 연구는 아직 태부족이다. 좀 멀찌감치 떨어져 수십 년의 흐름을 한꺼번에 포착해내는 연구는 충분치 않다. 이 책이 통념과 다른 결론에 도달한 것은 100년 가까이 긴 시간을 한꺼번에 훑음으로써 비평적 관점으로 포착되지 않았던 사실을 알아내게 된 것일 수도 있다.

여러 글에서 누차 밝혔듯이 대중예술은 수용자 대중에게 익숙한 예술적 관습에 기반하고 이 예술적 관습은 그 안에 세계전유방식(인간과 세상을 받아들이는 방식)을 지니고 있다. 그에 동의하는 수용자는 그 예술적 관습에 취향이 있는 사람이라 할 수 있다. 그리고 그 취향은 유행을 탄다. 즉 시대에 따라 대중예술의 유행은 변하며, 이는 수용자 대중의 세계전유방식이 변화한다는 의미다. 이 책은 '신데렐라 이야기'라는 예술적 관습이 100여 년의 한국 대중예술사에서 어떻게 변화해왔는지 추적함으로써 한국인이 지녀온 사랑과 돈, 사랑과 계층 상승의 관계에 대한 생각, 느낌, 태도를 살펴본 것이다. 그런 점에서 '대중감성'으로 묶인 여러 연구 가운데 '사랑'이라는 한 꼭지를 잡고 실타래를 풀어본 셈이다.

개인적으로 이 책은 나의 《한국대중예술사, 신파성으로 읽다》(푸른역사, 2016)를 쓰다가 얻은 아이디어에서 출발했다. 신파적 미감, 신파성이라는 예술적 관습의 변화를 20세기 초부터 훑어오다가 1960년대 청춘 영화에서 '남자 신데렐라'를 만나게 됐다. 한동안 신데렐라 이야기에서 헤매다가 신파성이 아닌 별도의 연구로 탐구해야 하는 가닥임을 깨닫고 그 아이디어를 머릿속에 간직해두었는데, 이번에 본격적으로 정리하게 된 것이다. 이 책의 적지 않은 부분에서 신파성에 대한 언급이 이루어진 이유는 그래서다. 신파성이 지배적이던 시대에는 신데렐라 이야기가 제대로 구축되고 인기를 얻을 수 없으며 신파성이 약화하면서 비로소 신데렐라 이야기가 상승하는, 그 긴 흐름과 의미를 추적했다.

2016년 《경향신문》에 〈이영미의 대중예술 사랑과 돈의 변주〉라는 꼭지 제목으로 13회 연재한 것을 밑바탕 삼아, 고치고 새로 쓰는 작업을 통해 책을 완성할 수 있었다. 《한국대중예술사, 신파성으로 읽다》가 본격적인 학술서라면, 이 책은 조금 편하게 읽을 수 있도록 쓴 대중서이며, 그래서 주석은 불가피한 경우를 제외하고는 모두 생략했다.

긴 시간 동안 글을 함께 읽고 의견을 나눈 '대중감성' 팀의 동료 연구자들에게, 특히 팀의 리더로 고생한 김지영 선생께 고마움의 마음을 전한다. 늘 막막한 '뻘밭'을 헤매는 것 같은 대중예술 연구지만 동료들 덕분에 한 발자국씩 걸음을 옮긴다.

북한산이 보이는 곳에서

이영미

# 왜 '신데렐라 이야기'
# 인가

## 1:

신데렐라 이야기의 매력

신데렐라 이야기가 품고 있는 인간·세상에 대한 태도

# 신데렐라 이야기의
# 매력

비현실적이어도 충분히 즐겁다

한동안 사람들은 우리나라 TV드라마의 중심이 '신데렐라 이야기'라고 여겼다. 부잣집 남자와 가난하지만 총명하며 착한 여자의 사랑 이야기야말로 한국 TV드라마를 이해하는 기준이었다. 21세기 초반 한국에서 대중예술에 관심이 조금이라도 있는 사람이라면 '실장님' 혹은 '본부장님'으로 불리는 극중 캐릭터의 의미를 모를 수 있을까 싶을 정도다. 재벌이나 대기업의 기획실 혹은 기획본부를 맡은 기업 승계 후계자 1순위인 미혼의 멋진 남자, 애정물의 대표적인 남자주인공 캐릭터를 의미한다는 점은 삼척동자라도 알고 있다. 그리고 그와 짝을 맞추는 여자주인공은 돈도 없고 집안의 후원은커녕 가족의 짐을 떠맡고 있는, 가난하지만 총명하고 착한 인물로 설정되기 십상이다. 한국 TV드라마의 아주 익숙한 관습적 캐릭터로, 허드렛일을 하는 재투성이 여자와 멋진 왕자의 사랑·결혼이라는 신데렐라 이야기의 기본 구도를 반복하고 있다.

이런 드라마에 대한 호오(好惡)와 평가는 다양하다. 이런 이야기가 현실적이라고 생각하는 사람은 없다. 리얼리티가 전혀 없고 젊은 여성에게 헛된 망상이나 심어주니 백해무익한 작품이라는 사람도 있는 반면, 실현 가능성은 없지만 마음속에 들어 있음은 분명한 욕망을 대리 충족해주는 즐거움을 제공받으니 그것만으로도 충분히 족하다는 사람도 있다.

대중예술 작품에 대한 대중의 호감은 단지 리얼리티에 근거한 것만은 아니다. 이미《대중예술 본색》(우리교육, 2016)에서 상세히 언급한 것과 같이, 대중예술에서는 리얼리티와 함께 수용자 대중의 욕구·욕망을 함께 담아내며, 이 둘의 균형이야말로 대중적 인기를 만들어내는 핵심이다. 아니, 비단 대중예술뿐이던가. 따지고 보면 본격예술에서도 수용자의 욕구·욕망이란 쉽게 무시할 수 있는 요소가 아니다. 단지 중요성에 대한 정도의 차이가 있을 뿐이다.

대중예술만이 아니라 모든 예술이 허구적 형상물이다. 허구적 형상물이 사람들의 '공감'을 얻기 위해서는 '그럴듯하다'는 개연성을 갖추어야 한다. 사람들이 현실을 통해 체험한 것을 환기할 수 있을 정도의 현실성을 갖추는 것이 필요하다. 리얼리티(현실성)란 바로 이 지점에서 중요해진다. 그런데 사람들은 외부 현실을 자기 방식으로 받아들이고 느끼고 저장하며 그 방식은 결코 동일하지 않다. 감각기관과 인지 방식, 이미 입력되어 있는 선입식, 무엇보다도 욕구·욕망에 따라 아주 다양하게 다른 내용으로 받아들이고 저장한다. 동일한 사건을 사람들이 전혀 다른 인식과 감정으로 받아들인다는 것은 일일이 예를 들어 설명하지 않아도 자명하다. 그러니 '공감'이란 작품 속의 형상이 실제 현실과 얼마나 정확하게 부합하는지의 여부가 아니라, 수용자의 마음속에 저장된 내용과 얼마나 부합하는지의 여부에 달려 있는 것일 수도 있다. 그리고 마음속에 저장된 내용이란 건조한 인식뿐 아니라, 욕구·욕망에서 나온 다양한 느낌을 포함한다. 그래서 작품이 담아내는 형상이 인식 면에서는 수용자가 동의할 수 있다 하더라도, 수용자에게 익숙한 것과는 전혀 다른 느낌과 사유 태도를 요구한다면 수용자는 공감하지 못하고 고개를 돌려버리기 일쑤다. 심지어 충분한 리얼리티를 갖추고 있는데도 "저건 말도 안 돼!" 하며 거부해버리는 경우가 대개 이렇다. 대중예술뿐 아니라 본격예술의 수용에서도 이런 현상은 자주 나타난다.

## 대중예술에서 욕구·욕망이 지니는 중요성

단 본격예술은 '인간과 세상에 대한 근본적인 질문을 던지고 답하는 예술'이며, 따라서 본격예술의 수용자는 '작품을 통해 자신의 인식과 느낌의 지평을 넓히고자 하는 태도'를 가지고 있다는 점에서 대중예술의 수용자와 다르다(동일한 수용자일지라도 본격예술과 대중예술을 수용할 때 다른 태도로 임하기도 한다). 본격예술 작품은 수용자에게 익숙하지 않은 내용과 형식·기법을 통해 다소 불편한 자극을 던지고, 수용자는 이 불편한 자극을 기꺼이 받아들이면서 이를 통해 자신이 갖고 있던 세상·인간에 대한 생각과 느낌의 지평을 넓히고 새로운 각성을 얻는다. 그래서 본격예술의 수용은 상당한 정신적 긴장의 유지가 필요하며, 다소 불편한 긴장과 각성을 감당할 수 있을 정도의 정신적 훈련과 여유를 요구한다.

그에 비해 대중예술의 수용에서는 이런 정신적 긴장에 대한 요구 수준이 낮다. 수용자 대중의 경험과 욕구·욕망, 취향, 세계전유방식(인간과 세상을 받아들이는 방식), 심지어 그들에게 익숙한 예술적 관습(형식이나 기법 등)에 조응하는 것이 대중예술이다. 수용자 대중에게 낯설고 불편한 취향과 예술적 관습을 피하며, 그들의 욕구·욕망을 크게 거스르지 않는다. 그래서 대중예술의 수용이란 능동적으로 애써 생각하면서 얻어내는 각성이 아니라, 익숙한 방식으로 욕구·욕망을 대리 충족하며 감정을 환기하면서 즐기는 휴식 행위다.

신데렐라 이야기의 드라마가 인기를 얻는 이유도 이 때문일 것이다. 백화점에서 근무하는 고졸 여직원이 재벌 2세와 연애하고 결혼하는 일은 현실에서 일어날 가능성이 아주 낮다. 하지만 이 이야기는 돈 걱정할 필요 없는 풍요롭고 달콤한 사랑과 행복한 결혼, 여기에 경제적 부유함과 사회적 지위 상승 같은 욕구·욕망을 한꺼번에 충족해주면서 행복감을 안겨준다. 작품의 수용이 이런 만족감을 느끼게 해주니 그것으로 족한 것이다. 단 지나치게 비현실적이며 그 욕구·욕망이 비윤리적이고 유치하다는 생각 등으로 생긴 수용자의 반감이 대리 충족의 수준을 넘어설 정도가 되면 이런 작품은 인기를 잃는다.

신데렐라 이야기가 오랫동안 인기를 누린다는 것은 그만큼 남녀 간의 사랑, 돈, 사회적 지위에 대한 대중의 욕구가 아주 강력하다는 것을 말해준다. 연애 욕구, 돈과 사회적 지위로 얻게 되는 자존감에 대한 인간의 욕구는 아주 기초적이면서도 보편적인 것이다.

## 사랑과 돈

물론 신데렐라 설화가 단지 재투성이 여자가 왕자와 결혼한다는 앙상한 이야기로만 구성되는 것은 아니다. 그 안에는 엄마를 잃고 계모와 이복 언니에게 핍박받는 소녀 이야기, 주인공이 어려운 일에 부딪힐 때마다 동물이 나타나 도와주는 이야기, 제한된 시간 안에서 변신하는 이야기, 신발의 주인을 찾아 배필을 삼는 이야기 등 꽤나 다양한 화소 (話素)가 존재한다. 전 세계에 흩어져 있는 신데렐라 설화가 모두 동일한 화소로 이루어진 것은 아니지만, 몇몇 화소는 신데렐라 설화의 정체성을 구성하는 중요한 것이다. 하지만 이 책에서는 이 핵심 화소의 모든 것을 다 다루지는 않으려 한다. 이 책에서 관심을 두는 지점은 사회적 지위가 낮은 가난한 여자가 높은 지위와 재물을 가진 남자와 사랑하고 결혼한다는 단순한 화소다. 흔히 현재 TV드라마나 만화, 영화 등 대중예술 작품을 이야기할 때 '신데렐라 이야기'라고 하는 바로 그 화소에 국한해서 다루고자 하는 것이다. 한마디로 요약하면 '사랑과 돈' 이야기, 즉 사랑·결혼과 더불어 돈·권력을 한꺼번에 얻게 되는 이야기다.

'사랑'과 '돈'에 대한 욕구·욕망은 대중예술을 움직이는 가장 큰 힘이다. 심리학자는 인간의 기초적 욕구로 식욕·성욕·수면욕 같은 육체적인 욕구, 위험으로부터 보호받고 싶은 안전 욕구, 자신이 점하고 관리하는 영역을 남에게 침범받기 싫어하는 영역 욕구, 가족 등 소공동체(小共同體) 안에서 사람들과 친밀하게 지내고 싶어 하는 애정 욕구, 사회에서 무시당하지 않고 인정받고 싶어 하는 자존 욕구 정도를 꼽는다. 이 중 사랑은 애정 욕구와 관련 있고, 돈은 나머지 네 가지 욕구와 모두 관련 있다. 돈이 없으면 가장 먼저 먹고 자는 것이 해결되지 않으며, 안전을 보장받기 힘들다. 또 인간은 일단 자기 영역 안에 들어온 돈과 재물을 지키고 싶어 하며, 사유재산과 계급이 존재하는 사회에서 돈이란 사회적 권력과 직결된다. '사랑과 돈'은 인간의 생존을 좌우하는 기초적인 욕구·욕망을 망라하는 화두다.

신데렐라 이야기가 오랫동안 널리 공감을 얻어온 것은 그 때문일 것이다. 가족 안의 천덕꾸러기로 고통스러운 노동에 시달리며 제대로 먹지도 입지도 못하고 살던 신데렐라가 왕자와 사랑을 하게 되고 그 결실로서 결혼에 이르게 되며 높은 사회적 지위와 재물을 함께 얻게 된다니, 이 얼마나 달콤한 이야기인가.

물론 근대 이전에 탄생한 신데렐라 설화에서는 '돈'이 그리 크게 부각되지 않는다고 반문할 수도 있다. 그러나 '왕자'라는 점은 돈을 비롯한 그 이상의 것을 포괄하기에 족하다. 넓은 영토를 가지고 그 안의 재물과 인간을 지배하는 힘을 가진 존재이니, 구태여 그가 재물을 많이 가졌다는 이야기를 덧붙일 필요조차 없다. 그에 비해 대중예술의 시대인 근대의 상황은 다르다. 신분이 사라진 근대 세계에서 계급은 신분이 아니라 오로지 재물에 의해 결정된다. '자본'주의라는 이름이 웅변적으로 말해주듯, 근대 세계에서 돈이 지니는 중요성은 다른 어느 시기와도 비교할 수 없다. 신분·계급에 따라 돈(재물)이 따라오는 것이 아니라, 돈에 따라 계급이 따라온다. 하늘 등 초현실적 힘이 부여했다고 믿었던 신분이 사라지면서 돈 자체에 대한 몰입과 관심이 노골화됐다.

그런 점에서 우리나라의 근대 이후 대중예술에서 신데렐라 이야기가 어떻게 나타나고 변주되는지를 추적하는 이 책에서, 단순화의 위험을 무릅쓰고 그저 '사랑과 돈'이라고 요약해 말해도 그리 무리가 없을 듯하다.

## 어떻게, 왜 변화하는가

이 책에서는 우리나라에서 근대 사회가 본격화된 20세기 초부터 지금까지의 대중예술사를 훑어보며, 그 안에 담긴 신데렐라 이야기, 좀 더 확장해 돈과 사랑·결혼이 얽히는 이야기를 분석하고자 한다.

대중예술에서 신데렐라 이야기는 늘 있기 마련이고, 늘 뻔하게 똑같이 반복된다고 쉽게 넘겨버릴 수도 있다. TV드라마나 만화에 '뻔한 신데렐라 이야기'라는 평가가 내려지는 것을 우리는 얼마나 자주 보아왔는가. 뻔하다는 평가가 한편으로는 맞는다고 할 수도 있다. 평론가로서 나 역시 이런 평가를 종종 한 것이 사실이다. 훈수를 두듯 현실의 실천에 간여하는 평론가는 앞으로의 작품 창작과 수용이 좀 창의적이고 다양성이 발현되는 방향으로 나아가기를 원하기 때문에 이런 평가를 내리게 된다.

하지만 평론이 아닌 '연구'의 관점에 서 있는 이 책은 좀 다른 지점에서 질문을 던져보고자 한다. 어떤 시기로 한정해서 보면 대중예술에서는 늘 뻔한 틀이 반복적으로 나타난다. 수용자 대중에게 익숙한 예술적 관습에 의존하는 것은 대중예술의 본질이다. 그런 점에서 사실 '뻔함' 자체가 문제가 아니라, 뻔함의 질이 문제일 수 있다. 즉 어떻게, 얼마나 뻔한지, 그 뻔한 관습이 변화하는지, 변화의 방향은 어떠한지 등을 살펴보아야 하는 것이다.

흥미롭게도 대중예술사의 흐름을 좀 거시적으로 보면 '예술적 관습'은 고정적이지 않으며 변화하면서 유행을 만들어간다는 것을 알 수 있다. 즉 대중예술이 뻔하긴 하지만 그렇다고 해서 수십 년 동안 늘 똑같지만은 않은 것이다. 대중예술이야말로 유행에 민감하며, 이는 상당한 변화가 이루어진다는 것을 의미한다.

대중예술의 관습은 인기 판도에 따라 시기마다 크게 변해왔다. 당연히 그 변화는 각 시기 수용자 대중의 사회심리, 세계전유방식이 변화하기 때문에 생겨난다. 이 지점이야말로 대중예술 분석의 흥미로운 키포인트다. 너무 뻔해서 별 볼일 없어 보이는 작품군에서 놀랍게도 특정 시기 대중이 지니고 있는 사회심리가 드러나는 것이다. 본격예술에서는 세상에 대한 작가의 통찰력에 주목해야 한다면, 뻔하고 상투적으로 보이는 대중예술에서는 '도대체 왜 그 시대에 이런 경향이 인기를 얻었나'를 눈여겨 살펴보아야 한다. 대중예술은 민심의 향배를 읽을 수 있는 아주 중요하고 흥미로운 텍스트다.

그리하여 이 책에서는 한국 대중예술사의 여러 예술적 관습 중 특히 신데렐라 이야기, 즉 사랑·결혼을 통한 급격한 계층 상승 이야기에 주목하려고 한다. 그 인기 판도의 변화 양상이 어떠하며, 그런 변화가 왜 일어나는지, 그것이 당대 수용자 대중의 사회심리 및 그 기저에 있는 사회의 변화와 어떤 관련을 맺고 있는지를 생각해보고자 하는 것이다.

# 신데렐라 이야기가 품고 있는
# 인간·세상에 대한 태도

## 신데렐라 이야기는 늘 인기 있었나

신데렐라 이야기는 동서양을 막론하고 오랫동안 많은 사람에게 사랑받는 인기 있고 매혹적인 이야기 틀이다. 앞서 이야기했듯이 생명을 부지하고 자존감을 유지하기 위한 돈 그리고 애정욕을 충족하기 위한 사랑, 이 두 가지는 인간의 기초적인 욕구이기 때문이다.

신데렐라 설화는 전 세계에 널리 퍼져 있다. 근대 이후 우리나라에 전파된 것은 서유럽에서 정리된 유형이지만, 엇비슷한 설화는 동유럽은 물론 아시아에까지 널리 퍼져 있다.' 우리나라의 콩쥐팥쥐 설화도 이에 속한다. 김정란의 《신데렐라와 소가 된 어머니》에서는 신데렐라 설화를 '초자연적 조력자담'의 하나로 분류하여 전 세계에 분포된 설화로 본다. 그런데 지금 TV드라마의 신데렐라 이야기라 치부되는 작품에는 대부분 요정이나 동물 같은 초자연적 조력자가 존재하지

24

않는다. 이렇게 초자연적 조력자의 존재 여부와 무관한, 행복한 연애·결혼과 동반한 계층 상승 성공담은 좁은 의미의 신데렐라 설화에 비해 훨씬 넓고 광범위하다. 영웅적 행위 끝에 계층 상승을 동반하여 결혼이 포상처럼 얹히는 전형적인 영웅 설화를 제외한, 그저 계층의 차이를 극복한 연애·결혼의 성공담만 봐도 동서고금을 막론하고 넘쳐난다. 예컨대 우리나라의 판소리 〈춘향가〉 역시 중간 부분에 변학도의 강압이라는 심각한 장애를 춘향이 극복하는 이야기가 놓여 있긴 하지만, 크게 보자면 계층 상승을 동반한 행복한 결혼 이야기로 보아도 무방하다. 이렇게 흔해 빠진 이야기라 치부하면, 1990년대 이후 TV드라마에서 신데렐라 이야기가 인기 있었던 현상 역시 그저 범상한 일이라고 넘길 수도 있다.

그런데 흥미로운 지점이 있다. 최근 20~30년 동안 신데렐라 이야기의 TV드라마가 남긴 인상이 워낙 강렬해서, 사람들은 한국 대중예술 작품에서 늘 이런 현상이 나타났으리라 짐작하는 경향이 있다. 그러나 20세기 초부터 1990년대 중반에 도달하기까지 거의 90년 정도의 긴 대중예술사로 시야를 넓혀보면 이런 짐작은 잘못된 통념임이 바로 확인된다. 결론부터 말하자면 우리나라 대중예술사에서는 이 흔하디흔한 이야기가 오랫동안 인기의 중심에서 밀려나 있었다는 점이다. 한국 대중예술사가 본격적으로 시작된 20세기 초부터 중반까지 그다지 잘 발견되지 않던 신데렐라 이야기는 1970~1980년대 미성년 여성 (흔히 '소녀'라 통칭하는)이 향유하던 순정만화에서 살짝 그 모습을 드러내기 시작했고, 1990년대 중반에야 비로소 TV드라마의 인기 서사로 자리 잡는다.

흥미롭지 않은가. 서사의 성격으로 보아 충분히 시공을 초월해 인기를 누릴 만한 이 이야기가 유독 우리나라 대중예술에서는 오랫동안 큰 인기를 누려오지 못했다는 것이 말이다. 도대체 왜 이런 현상이 나타났을까?

## 방정환의 〈산드룡의 유리구두〉로
## 소개된 신데렐라 설화

물론 20세기 이후 우리나라에 신데렐라 설화는 늘 존재했다. 전래의 콩쥐팥쥐 설화나 외래의 것으로 소개된 신데렐라 설화 모두 널리 알려지며 향유됐다. 우리나라에 서양의 신데렐라 이야기가 소개된 것은 1920년대 전반기다. 1922년 방정환이 번역한 세계명작동화집《사랑의 선물》에 수록된 〈산드룡의 유리구두〉, 1923년 최남선이 간행한 시사 잡지《동명》에 수록된 〈재투성이 왕비〉가 그것이다.[2] 신데렐라 설화가 소개되기 이전부터 콩쥐팥쥐 설화는 계속 전승됐으며, 이즈음까지 계속 인기를 누렸던 것으로 보인다. 1906년에 언더우드 부인이 채록하여 소개했으며, 1919년에는 구활자본 신작 고소설로《콩쥐팥쥐전》까지 출간됐으니[3] 상당한 인기를 누린 설화라는 것을 알 수 있다. 단 설화와 동화의 영역에서만 그러했다.

정작 새롭게 창작된 대중예술 작품, 특히 고소설이나 설화의 리메이크가 아닌 근현대 배경의 대중예술 작품에서는 전형적인 신데렐라 이야기의 인기를 발견하기가 쉽지 않다. 초자연적 조력자의 존재 여부는 차지하고라도 그러하다. 어차피 초자연적 조력자라는 화소는 근대 이후 대중서사물에서는 계승되기 쉽지 않다. 이 화소 여부와 무관하게 낮은 계층의 가난한 여자가 부잣집 남자와 진정성 있게 사랑하고 행복하게 결혼하는 이야기로 범위를 넓혀 찾아본다고 해도, 한국대중예술사에서 신데렐라 이야기는 그리 쉽게 발견되지 않는다. 이토록 보편적 호소력을 지니고 있을 법한 이야기가 오랫동안 인기가 없었다는 것은 다소 의아한 대목이다.

약간의 예외적 작품이 없지는 않다. 근대 이후 창작됐더라도 전근대를 배경으로 삼은 작품이 그것이다. 예컨대 하녀가 양반 가문의 남자와 결혼하는 이야기를 담은 오영진의 〈맹진사댁 경사〉(1943) 같은 작품이 대표적이다. 영화와 연극 등으로 여러 번 리메이크되며 향유됐다. 이외에도 정확한 시대를 밝히지는 않았으나 시간적 배경이 전근대임이 분명한 작품 중에는 신데렐라 이야기가 종종 발견된다. 그러나 모두 근현대를 배경으로 한 작품들은 아니다.

다시 정리해보면 근대 이후를 배경으로 하여 가난한 여자가 부잣집 남자와 행복하게 결혼에 성공하여 계층 상승을 이루는 이야기는 20세기 한국 대중예술사에서 인기를 누리지 못했다는 것이다. 이는 분명 주목할 만한 현상이다.

## 심순애는 신데렐라일까

돈·권력이 있는 남자와 결혼에 성공하는 여자의 이야기가 없었던 것은 아니며, 인기작 역시 많았다. 일본 소설 《곤지키야샤(金色夜叉)》의 번안인 1913년 조중환의 소설 《장한몽》이 대표적이다. 1913년에 연극과 소설이 동시에 발표됐고 이후 다양한 장르의 대중예술에서 수없이 재창작된 작품이다. 심지어 〈배뱅이굿〉으로 유명한 서도소리 명인 이은관이 만든 서도소리 버전의 〈장한몽가〉까지 있으며, 1970년대만 해도 학생들의 장기 자랑 시간이면 "순애야, 저 달을 보아라" 운운하는 촌극 〈이수일과 심순애〉가 어김없이 등장할 정도로 이 이야기는 긴 세월 동안 인기를 모았다.

"더러운 년, 김중배의 금강석 반지가 그렇게도 탐이 나더란 말이냐?"라는 울분에 찬 대사가 말해주듯이(실제 소설에 이렇게 단순한 대사는 없지만, 연극 등 수많은 작품에서 이 대사가 호소력을 발휘했을 것이다), 이 작품은 가난한 애인을 버리고 부자와 결혼한 여자, 부자가 아니라는 이유로 사랑을 빼앗긴 남자의 이야기다. 가난한 연인을 버리고 돈 많은 사람과 결혼하여 불행에 빠지는 이런 서사는 한국 대중예술사를 통틀어 가장 흔한 유형 중 하나다.

일제강점기의 작품에서 《장한몽》의 변주를 발견하는 것은 어려운 일이 아니다. 이는 대중적 작품에서만이 아니라, 본격예술로 인정받는 작품에서도 마찬가지다. 한국 근대소설사의 첫 장에서 가장 중요한 작품으로 꼽히는 이광수의 《무정》(1917)이야말로 이 구도를 고스란히 반복한다. 단 남녀의 성(性)만 뒤바뀐 채 말이다. 어릴 적 정혼자였으나 기생으로 전락한 박영채, 아직 사랑이 싹트지는 않았지만 결혼 후 부부 동반 미국 유학이 보장된 신붓감 김선형, 이 두 여자 사이에 끼인 가난한 영어 교사 이형식은 그야말로 '남자 심순애'다. 이광수는 《무정》

에서 이 갈등을 '문명개화'라는 당위 아래 깨끗이 해소해버리는 것으로 결말짓고 말지만, 이후 작품에서도 자주 이 구도를 반복했다.

그뿐만이 아니다. 오래 사귀어온 가난한 애인을 버리고 새로 만난 돈 많은 사람과 결혼하는 이야기는 한국 대중예술사에서 넘쳐난다. 가난한 고아에다 심지어 팔까지 망가져 잠적해버린 야구 선수 까치를 버리고 장래가 촉망되는 국내 최고의 프로야구 선수 마동탁과 결혼한 엄지의 이야기인 이현세의 만화《공포의 외인구단》(1982) 역시 상당 부분《장한몽》의 구도를 반복한다. 또한 TV드라마 〈쩐의 전쟁〉(박인권의 만화《쩐의 전쟁》 원작, 이향희 극본, 장태유 연출)의 주인공인 서울대학교 출신 증권 맨 금나라가 아버지의 빚으로 몰락하여 노숙자로 전락하고 애인까지 잃은 이후 장안 최고 사채업자의 하수인이 되는 이야기는 고스란히 이수일의 이야기와 겹쳐진다.

그런데 과연 심순애는 신데렐라일까? 심순애는 분명 부잣집 남자와 결혼하여 결혼과 계층 상승을 동시에 성취했다는 점에서 신데렐라와 비슷한 점이 있다. 하지만 우리는 심순애를 신데렐라라 여기지 않는다. 왜일까?

이를 설명하려다 보면 신데렐라가 꽤 복잡한 조건을 가진 캐릭터임을 깨닫게 된다. 신데렐라는 단지 돈·권력을 가진 자와 결혼해 성공하는 가난한 여자라는 단순한 조건만으로 규정되지 않는다. 가진 자와의 결혼이 행복한 결혼이어야 하며, 그러기 위해서는 그 결혼에 윤리적 하자나 양심의 거리낌 같은 것이 개입되지 말아야 한다. 그게 신데렐라 이야기의 핵심이다. 서양의 신데렐라는 물론 우리나라의 콩쥐팥

29

쥐 설화도 다 행복한 결혼으로 귀결된다(콩쥐팥쥐 설화의 후반부는 결혼한 콩쥐가 살해되고 그 범인이 처벌받는 콩쥐의 한풀이 이야기로 채워지지만, 적어도 결혼까지의 서사는 그러하다). 그런데 《장한몽》의 심순애는 이와는 크게 다르다. 심순애 캐릭터의 핵심은 '진정한 사랑을 배신하고 계층 상승을 목적으로 부자 배우자를 선택해 결혼하는 인물'이라는 설정이다.

《장한몽》에서 심순애와 이수일은 매우 각별한 관계다. 이수일의 아버지는 심순애의 아버지에게 은혜를 베푼 적이 있고, 그래서 이수일의 집안이 몰락하고 부모가 죽은 후 심순애의 아버지가 이수일을 거두어 생계를 잇고 공부를 계속할 수 있도록 해주었다. 이수일과 심순애는 부모는 물론 다른 사람들이 다 인정하는 예비 부부였고, 둘은 수시로 만나 사랑을 확인하는 연인 사이였다. 연극 《장한몽》의 주제가인 〈장한몽가〉에는 "이상적인 아내를 돈과 바꾸어"라는 가사가 나오는데(1920년 김산월·도월색이 녹음하여 일본 축음기 회사에서 출반했는데, 원곡인 일본어 노래에도 동일한 표현이 등장한다), 이렇게 '아내'라는 표현을 써도 하등 이상할 것이 없는 사이였던 것이다. 그런데 심순애의 부모는 장안의 소문난 부자이며 은행의 취체역(이사 등의 임원)인 김중배의 청혼을 망설임 없이 받아들이고, 심순애 역시 망설임이 없지는 않았지만 적극적으로 거부하거나 저항하지 않고 순순히 부모의 뜻에 따라 김중배와 결혼을 한다. 심순애의 부모는 이수일에게 외국 유학을 보내주겠다고 달래지만, 충격을 받은 이수일은 학업을 때려치우고 장안 최고 고리대금업자의 하수인이 된다.

즉 심순애 캐릭터가 신데렐라 캐릭터와 다른 가장 중요한 차이는 그 결혼이 연인에 대한 배신이라는 윤리적 하자를 수반한 것이며 진정한 사랑이 결여된 행위라는 점이다. 당연히 심순애의 결혼은 행복하지 않았으니, 아무리 계층 상승에 성공했다 할지라도 결코 행복한 결혼이라고 할 수 없다.

## 배신이라는 '신파적 결함'

나는 이미 《한국대중예술사, 신파성으로 읽다》에서 《장한몽》의 심순애를 전형적인 신파적 캐릭터로 보고 상세하게 분석했다. 자학과 자기연민이 뒤섞인 복잡한 심리 상태에서 과잉된 슬픔을 민망할 정도로 두드러지게 드러내는 독특한 미감을 '신파성'으로 보았다. 신파적 미감, 신파성은 바로 이러한 신파적 인물을 통해 구현된다. 그리고 신파적 인물의 가장 중요한 요건 중의 하나가 바로 '신파적 결함'이다.

이 신파적 결함은 자신이 원하지 않았으나 오로지 자신이 감당할 수밖에 없게 되어버린 '죄'다. 심순애는 이수일에 대한 사랑이 남아 있는 상태에서 김중배와 결혼했다. 그런데 이수일을 사랑함에도 부모의 결혼 요구에 '거부'하거나 '저항'하지 않은 채 그저 상황에 질질 끌려 결혼에 이르렀고, 결과적으로 '스스로' 배신한 꼴이 됐다. 결국 심순애의 배신이라는 죄는 다른 사람의 탓도 할 수 없이 오롯이 자신이 짊어져야 하는 것이 되어버렸다. 하지만 심순애에게는 김중배와의 결혼이 자신이 원하는 것이 아니었고 여전히 이수일을 사랑한다고 생각하므로 죄인·배신자가 되어버린 것에 대한 억울함이 있다. 심순애의 심리 상태는 죄인이라는 자책과 말 못 할 억울함, 죄의식과 피해의식이 뒤범벅된 복잡한 형국이며, 이를 과장된 슬픔의 표현으로 드러내는 것이 신파성, 신파적 미감의 핵심이다. 즉 신파성을 만들어내는 핵심, 심순애 캐릭터를 형성하는 핵심은 다름 아닌 '자신이 원하지 않았으나 거부하지 못하고 떠안아버린 죄'이며, 나는 이를 '신파적 결함'이라고 명명했다.

우리나라 대중예술에 자주 등장하는 신파적 결함으로 또 다른 종류의 것이 있다. '윤리적으로 떳떳하지 못한 과거'가 그것이다. 예컨대 기생이나 천민의 신분 혹은 동거나 출산 경험을 지닌 여성 캐릭터 같은 것이다. 임선규 극본의 연극으로 일제강점기 최고의 스테디셀러였던 〈사랑에 속고 돈에 울고〉(1936)의 홍도 캐릭터가 대표적이다. 이런 캐릭터는 대개 자신의 과거를 속임으로써 '신파적 결함'을 더 증폭하는 결과를 초래하는 경우가 많다. 하지만 홍도처럼 과거 경력이 다 알려진 상태로 부잣집 아들과 결혼하는 작품도 적지 않다. 또 윤리적으로 떳떳하지 못한 것도 아닌, 그저 가난하거나 약하다는 것이 신파적 결함이 되기도 한다. 그 결함이 무엇이든 간에 신파적 인물은 이를 자신의 치명적 결함으로 여기고 스스로 굴욕적으로 무릎 꿇는 태도를 취하며 죄인처럼 행동하는데, 이런 당당하지 못한 태도의 이면에는 억울함이 함께 도사리고 있어 역시 죄의식과 피해의식이 뒤엉킨 상태의 심리를 보인다. 그럼으로써 불행한 현재를 벗어나 행복한 미래로 나아가지 못하고 허우적거리며 고통에 눈물을 흘린다.

우리나라 사람은 참으로 오랫동안 이런 신파적 작품에 공감했다. 1910년대 초 일본에서 들어온 신파적 작품은 대도시의 수용자에서부터 빠르게 퍼져 나가 정착했고, 아주 오랫동안 우리나라 대중예술에서 인기를 발휘했다. 이는 대중이 원하지 않았던 죄를 짊어지고 죄의식과 피해의식이 뒤범벅된 독특한 감정으로 괴로워하는 인물의 이야기에 많이 공감했다는 의미다.

계층을 뛰어넘는 사랑과 결혼 이야기란 사유재산이 생겨 부자와 가난한 자가 나뉘고 국가가 만들어져 지배자와 피지배자가 존재하는 사회라면 늘 공감할 만한 이야기다. 누군들 풍요롭게 소비하며 타인에게 과도하게 지배받지 않는 삶을 살고 싶지 않겠는가. 그런데 이 보편적 욕구·욕망을 신데렐라 이야기와 신파적 서사는 다른 방식으로 주조해낸다. 계층을 뛰어넘는 사랑·결혼을 행복하게 마무리하는 것이 신데렐라 이야기라면, 신파적 작품은 가난한 인물에게 신파적 결함이 있는 것으로 설정한 후 불행한 결말로 몰고 가는 방식을 선택한다. 가난하고 착한 사람이라고 늘 부유하고 행복하게 살게 되지는 않는다. 마찬가지로 부자와 결혼하는 사람이 꼭 결함을 갖고 있고 그 결함으로 인해 불행해지리라는 법도 없다. 그럼에도 하필 이런 방식의 인물을 설정하여 신파적 서사로 만들어놓은 작품이 오랫동안 한국의 대중예술을 주도했다.

상업적 이윤이 중요한 대중예술은 수용자 대중의 구매가 생산의 경향을 좌우한다. 특정한 시기에 특정한 경향이 많이 생산됐다는 것은 바로 그것을 수용자 대중이 공감하고 즐김으로써 많은 생산이 이루어졌다는 의미다. 즉 진정한 사랑을 바탕으로 부자와 결혼함으로써 행복한 결혼과 계층 상승을 동시에 성공하는 이야기보다, 가난한 애인(혹

33

은 가족)을 배신하고 부자와 결혼함으로써 불행해지거나, 떳떳하지 못한 과거를 숨기고 결혼하여 불행해지거나, "저는 자격이 없는 여자예요, 저를 버려주세요"라며 눈물 흘리고 도망쳐버리거나, 혹은 남자의 가족이 여자의 신분이나 과거를 문제 삼아 괴롭히고 이런 괴롭힘을 어쩔 수 없이 감수하면서 눈물 흘리는 이야기를 더 즐겼던 것이다. 말하자면 당시 대중은 신데렐라 이야기가 아니라, 심순애나 홍도 이야기에 더 깊이 공감하고 심취했다.

## 신파적 작품의 세계전유방식

이것은 무엇을 의미할까? 즉 신파적 미감이란 어떤 세계전유방식을 지니고 있는 것일까? 다수의 수용자가 인간과 세상에 대해 어떤 태도를 지니고 있었기에 신파적 작품을 그토록 즐겼던 것일까?

　나는《한국대중예술사, 신파성으로 읽다》에서 '차가운 자본주의적 근대의 지배 질서에 충분히 적응하지 못한 사람들의 무력감과 당혹감의 표현'이라고 설명했다. 즉 하늘(우주)의 뜻에 따라 인간세상이 움직인다고 생각한 전근대를 벗어나 오로지 돈·권력에 따라 생사가 좌우되는 차가운 자본주의적 근대의 지배 질서와 갑자기 맞부딪힌 사람들이, 한편으로는 그 지배 질서에 맞설 수 없어 스스로 굴복하면서 다른 한편으로는 그 자본주의적 질서가 천륜·인륜을 저버리도록 만드는 것을 마음으로 받아들일 수 없었던 사회심리인 것이다. 좀 단순화해 말하자면《장한몽》의 신파적 구도란 돈·권력을 가진 자와의 결혼을 '행복한 결혼'이라고 승인하기 싫다는 대중의 마음의 표현이다. 이는 대중이 자신들이 사는 근대 자본주의 세상을 기쁜 마음으로 온전히 받아들이지 못한다는 의미이기도 하다. 돈 많은 색마(色魔), 부잣집 딸인 악녀 등의 캐릭터가 횡행하는 것은 사랑·윤리가 힘을 잃고 오로지 돈·권력의 힘으로만 움직이는 부박한 근대 자본주의 세상에 대해 대중이 매우 불편해하고 있었다는 의미다. '돈·권력만이 지배하는 세상의 지배 질서에 힘없는 나는 따라갈 수밖에 없지만, 그래도 이건 아니다'라는 대중의 마음이야말로《장한몽》같은 신파적 작품의 인기를 유지해준 밑바탕이다.

따라서 자본주의적 근대에 사람들이 적응하여 우승열패의 차가운 질서를 완전히 내면화하거나, 반대로 민주·평등·인권 같은 새로운 근대적 윤리 의식으로 이 무력감을 극복할 수 있게 되면, 차차 신파적 미감에 대한 공감이 줄어든다고 볼 수 있다. 실제로 신파적 작품은 미국 문화가 물밀듯 들어온 1950년대에 수그러들기 시작하여 일제강점기와 한국전쟁 이후 태어난 세대가 청소년기와 성인에 도달하고 자본주의적 고도성장의 가도를 달리던 1970~1980년대에 이르러 급격히 쇠퇴했다.

## 신데렐라 이야기의 요건과 세계전유방식

이제 다시 핵심으로 돌아와 보자. 신파적 작품의 세계전유방식과 다른, 신데렐라 이야기의 세계전유방식은 무엇일까? 즉 신데렐라 이야기를 즐기는 사람은 인간과 세상에 대한 어떤 생각과 태도를 지니고 있는 것일까?

　이에 앞서 신데렐라 이야기의 요건을 좀 더 세밀히 정리할 필요를 느낀다. 결혼과 계층 상승을 동시에 성취한 심순애와 홍도를 신데렐라라고 할 수 없다는 데 동의한다면, 신데렐라 캐릭터는 그들과 다른 조건을 갖춘 캐릭터라고 할 수 있다. 즉 결혼을 통한 계층 상승이라는 요건 이상의 것이 필요하다. 그 결혼에 윤리적 거리낌이 없어야 하며 결혼 이후에도 행복한 생활이 예견되어야 한다. 가난한 여자가 정혼자를 버리고 우연히 파티에서 만나 아직 사랑도 채 싹트지 않은 왕자를 신랑감으로 선택한 상황이며 그 비윤리성 때문에 파탄이 예견된다면, 그 여자는 신데렐라가 아니다. 또 이런 경우도 생각해볼 수 있다. 만약 결혼 후 보수적인 왕실 가족의 악질적인 괴롭힘이 예견되어 결코 행복한 생활을 영위할 가능성이 없다면 어떨까? 그 역시 신데렐라라고 할 수 없다.

　가족 바깥으로까지 시선을 넓혀보면 조금 더 생각할 지점이 있다. 두 남녀는 윤리적 거리낌 없이 진정성 있는 사랑과 결혼 생활을 영위할지라도, 그 왕자가 포악하고 냉혹한 왕이 될 것이 분명하거나 그 나라가 불행한 백성으로 가득 차 아무런 희망이 없는 곳이라면 어떨까? 가난하지만 착하고 성실한 신데렐라가 폭군이나 혼군(昏君)의 왕비가 될 것이 뻔하다면 아무리 부부 사이에 아무런 문제가 없다 할지라도 사람들에게 그 결혼은 축복받을 만한 행복한 결혼이라고 받아들여지기 쉽지 않을 것이다. 이렇게 정리하고 보면 신데렐라 이야기의 요건은 의외로 단순하지 않다. 두 남녀의 관계뿐 아니라 그들을 둘러싼 사

우리나라 신파적 작품에 가장 큰 영향을 준
번안소설《장한몽》은 연극, 영화 등 수많은 장르로 리메이크됐다.
위 사진은 1969년 영화 〈장한몽〉(윤정희·신성일 주연, 신상옥 감독)의
포스터. 한국영상자료원 소장

회 전체에 대해 사람들이 지니고 있는 생각까지 두루 변수가 된다.

즉 결혼을 통한 계층 상승이 행복한 것으로 그려지는 신데렐라 이야기를 즐기는 사회라는 것은, 그 사회의 많은 수용자가 인간과 세상에 대해 특정한 태도를 지녔음을 의미한다. 돈과 권력이 있는 자가 부도덕하거나 무능력하다는 의심이 없어야 하며, 그가 지배하는 세상의 질서, 즉 계층이 높은 자와 낮은 자로 분명히 갈리는 불평등한 세상의 지배 질서를 사람들이 부당하다고 느끼지 않는 사회여야 한다. 그런 점에서 대다수 사람이 불평등을 인정하는 보수적인 사회임이 분명하다. 게다가 타인보다 월등하게 뛰어난 영웅적 능력을 지니고 있지 않은 인물이라도, 그저 선함이나 사랑 같은 내면적 진정성을 유지하면 머지않아 높은 계층으로 상승하여 가정과 사회에서 존중받고 행복해질 수 있다는 믿음이 살아 있는 세상이다.

다시 정리하면 신데렐라 이야기가 인기를 누리는 세상은 불평등한 세상의 지배 질서에 대해 대중이 승인하며 그 안에서 선함을 유지하면 누구나 행복해질 수 있다는 희망을 가지고 있는 세상, 신뢰와 희망이 있는 보수적인 사회라는 의미일 수 있다.

물론 이는 객관적으로 그 사회가 누구나 쉽게 계층 상승에 성공할 수 있는 좋은 세상이라는 의미는 아니다. '사실'이 그렇다는 게 아니라, 대중의 마음속 '민심'이 그러하다는 뜻이다. 신분제도가 사라지고 개인의 자유와 인권을 법으로 보장하는 근대 민주주의 사회의 관점에서 볼 때 신데렐라나 콩쥐가 살았을 전근대의 세상은 억압적이며 희망 없는 부당한 세상일 수 있다. 하지만 당시 그 설화를 향유했던 사람들은 왕이 지배하는 세상의 질서가 부당하다고 생각하지 않았을 것이며, 그 질서 안에서 착하게 살면 행복해질 수 있다고 믿었을 가능성이 높다. 만약 많은 사람이 그것을 의심하는 세상이었다면 신데렐라와 콩쥐의 이야기에는 공감하기 쉽지 않았을 터이니 말이다.

이 책에서 살펴보고자 하는 것은 바로 이 점이다. 신데렐라 이야기가 한국 대중예술사에서 어떤 인기/비인기 현상을 거치며 흘러왔는지를 추적하면, 20세기 이후 각 시대에 우리 사회의 민심이 어떠했는지 살펴볼 수 있다는 것이다. 흥미롭게도 우리나라 대중예술사에서 신데렐라 이야기는 오랫동안 인기를 누리지 못했다는 점 그리고 그 인기가 몇몇 시기에 솟아올랐다가 가라앉았다는 점에 착목하여, 근 100여 년 동안의 민심과 사회심리를 살펴보는 일은 신데렐라 이야기의 작품을 보는 것 못지않게 흥미진진한 일일 것이다.

# 신파적 주인공과
## 신데렐라의
# 간극

## 2:

# 행복한 신데렐라를
# 가로막는 것

## 하늘의 뜻이 힘을 발휘하던 세상은 끝났다

'신데렐라'라는 말에 묶인 사고를 좀 자유롭게 풀어놓고 보면, 행복한 결혼과 급격한 계층 상승을 동시에 성취하는 이야기는 전근대에도 많았다. 계층 상승의 주인공(나무꾼)이 날개옷 도둑질이라는 암수(暗數)를 써서 선녀와 결혼하는 데 성공하는 '나무꾼과 선녀' 설화 같은 종류는 제쳐두자. 판소리계 소설을 대표하는 《춘향전》과 《심청전》이 모두 행복한 결혼과 급격한 계층 상승 이야기를 핵심 화소로 지니고 있음은 부정하기 어렵다. 춘향은 한눈에 반한 이몽룡과 결혼하게 되고, 심청은 효심에 감동한 용왕의 배려로 황제와 결혼한다. 이들이 상당한 고난의 과정을 거친 후 하늘의 뜻(혹은 하늘의 뜻을 대리하는 자의 노력)으로 결혼을 성취한다는 점에서도 공통적이다. 그 고난의 과정에서 춘향과 심청은 스스로 해피엔딩에 어울리는 인물임을 증명한다.

43

《심청전》에는 신데렐라 설화나 콩쥐팥쥐 설화처럼 초자연적 조력자가 존재한다. 인당수에 몸을 던진 심청은 용왕의 배려로 죽지 않고 용궁에서 살며 죽은 어머니와 재회한 후 연꽃을 타고 지상으로 올라가고 급기야 황제와 결혼해 황후가 된다. 초자연적 조력자가 있다는 것은 심청의 행복한 결혼과 급격한 계층 상승이 '하늘의 뜻'이었음을 의미한다. 그뿐만 아니라 심청의 해피엔딩을 보장하는 황제와 그 권력으로 유지되는 지상의 질서 역시 하늘의 뜻과 조응하는 것임을 의미한다. 이런 작품을 즐긴 수용자에겐 하늘의 뜻과 지상의 질서에 대한 신뢰가 있었을 것이다. 사필귀정(事必歸正)과 지성감천(至誠感天)이 이루어지리라 신뢰하므로 이런 작품을 즐겼을 것이다.

《춘향전》에서는 초자연적 조력자가 등장하지 않는다. 현재까지 전하는 판소리 다섯 바탕 중 중국 소설의 리메이크인 〈적벽가〉를 제외하고는 오로지 〈춘향가〉에만 유일하게 초자연적 요소가 없다. 보은 박씨를 물어다주는 제비, 인간처럼 사회를 이루고 사는 동물, 바닷속 용왕의 세계 등은 존재하지 않는다. 《춘향전》이 근대 이후 가장 사랑받는 판소리계 소설이 될 수 있었던 것은 우연이 아니다. 그런데 《춘향전》에는 초자연적 조력자가 없는 대신, 고난의 한복판에 빠진 주인공을 해피엔딩으로 이끄는 암행어사가 있다. 그 암행어사가 하필 춘향의 남편인 이몽룡이니 더욱 극적이지만, 고소설에는 어명(御命)으로 선한 주인공의 고초를 단번에 해결한다는 설정이 드물지 않다. 임금 혹은 어명을 수행하는 어사는 하늘의 뜻을 인간세계에서 수행하는 대리자다. 왕이 지배하는 세상에 대한 절대적 신뢰가 바탕에 깔려 있다.

하지만 근대 세계에 들어서면 이것이 더 이상 통용되지 않는다. 초자연적 하늘의 힘이란 존재하지 않으므로 인간세상의 권력은 하늘의 뜻과 조응하여 존재하는 것이 아니다. 하늘의 힘이 사라져버린 상황에서 윤리란 그저 인간이 정해놓은 규범일 뿐 그 이상의 힘을 발휘하지 못한다. 도스토옙스키의 《카라마조프가의 형제들》에서 이야기하듯 신이 존재하지 않는다는 것을 인정해버리면 인간의 윤리를 유지하는 것이 매우 힘들어진다. '천벌을 받을 것'이라는 말이 그저 수사일 뿐 현실이 아니므로 비윤리적 행동에 대해 고통스러운 대가를 치르리라는 두려움이 없어진다. 인간세상은 하늘의 뜻이 아니라, 마치 〈동물의 왕국〉에서처럼 약육강식과 우승열패 같은 힘의 논리로 움직인다. 선악의 윤리와 무관하게 강한 자가 승리하는 세상이다.

이는 근대 세계에서는 강자가 지배하는 세상의 질서에 대해 사람들이 더 이상 무작정의 신뢰를 보내지 않게 됐다는 의미이기도 하다. 귀족과 대신이 나쁜 짓을 저지르면 궁극적으로 왕이 바로잡아줄 것이며, 심지어 어리석은 왕이 악행을 저지르더라도 어느 순간 참회하고 바로잡거나 하늘의 뜻을 대리하는 또 다른 강자가 등장하여 나쁜 왕을 쫓아내고 올바른 질서를 세울 것이며, 가족 중에 악인이 존재하더라도 아버지나 혹은 다른 강한 힘에 의해 문제가 바로잡히리라는 것을 믿었던 것이 전근대 사회의 사고방식이었다. 그에 비해 근대 이후 세상에서는 '궁극적인 강자는 선하다'는 신뢰가 깨진다.

## 자본주의적 근대와
## 신데렐라의 붕괴

세상을 지배하는 힘이 더 이상 윤리적이고 선하지 않다는 불신이야말로 근대 초기를 살았던 사람들에게 당혹감과 고통을 안겨주었을 것이 분명하다. 세상의 지배 질서를 따라 돈과 권력으로 저지르는 비윤리적 행동이 과연 나쁜 것인지에 대해서 쉽게 판단할 수 없게 되어버렸다. 우승열패의 질서에 따르면 딱히 나쁜 것이라고 할 수 없는데, 그렇다고 오랫동안 문화적으로 축적된 윤리 의식에 따르면 분명 나쁜 짓일 수도 있기 때문이다. 자신보다 약한 자를 억누르고 고통을 주는 행동이 (그것이 불법이 아니라면) 윤리적 죄책감을 가져야 하는 것인지 아닌지 아주 애매해져버렸다. 근대의 사고방식에 근거한 새로운 윤리 의식은 아직 생겨나지 않았고 기존의 윤리 의식은 비교적 많이 남아 있는 상태에서, 우승열패의 논리로 움직이는 냉정한 근대 자본주의와 갑자기 맞닥뜨린 사람들에게는 이런 세상이 꽤나 당혹스러웠을 것이 분명하다.

특히 그 근대 사회가, 나라가 망하고 식민지 백성으로 전락하는 황당한 과정과 함께 온 것이라면 더욱 그러했을 것이다. 세상을 지배하는 강자에 대한 강한 불신이 작품에서 매우 적극적으로 나타난 것은 이런 당혹감을 드러내는 것이라 볼 수 있다. 《장한몽》의 부자 김중배는 그의 행동 하나하나를 따져본다면 그리 비윤리적이라고 단정 지을 만한 것이 없다. 그는 형식과 절차를 갖추어 매파를 보내 심순애의 집안에 예의 바르게 청혼을 했고, 심순애 부모의 승낙을 받아 결혼했을 뿐이다. 김중배는 이수일의 존재를 알고 있었지만 그건 심순애가 해결할 문제다. 심순애와 그 부모가 결혼 의사를 밝혔다면 먼저 청혼한 김중배로서는 당연히 결혼을 하는 것이 사리에 맞는다. 그럼에도 이 작품에서 김중배는 수용자의 호감과 공감을 받지 못하는 인물로 설정되어 있다. 근대 이후 지금까지 수많은 대중예술에서 나타나는 '부자 색마' 혹은 '부자 냉혈한'(최근 대중예술에서는 부자가 사이코패스나 소시오패스로 설정되는 경우가 많다)의 캐릭터는 이러한 대중의 사회심리를 반영하는 셈이다.

사실《장한몽》에서 고통과 비극을 만들어내는 장본인은 심순애와 그 부모다. 김중배가 지닌 돈은 그들을 귀하고 강한 자로 살도록 보장해준다. 어느 시대의 누군들 돈과 권력에 대한 매혹이 없겠는가마는, 이들은 이것이야말로 가장 강력한 힘이라 여기기 때문에 돈·권력이 지배하는 세상의 질서에 순응한다. 이들은 정혼자 혹은 아들이자 사위로 여겨왔던 이수일에게 가차 없이 등을 돌리면서도 하늘의 벌을 두려워하지 않는 근대의 인간이다. 당연히 지금 무일푼의 이수일이 꾸준히 노력하고 선행을 베푼다면 언젠가 하늘의 도움으로 부자가 되리라는 식의 믿음 따위는 갖고 있지 않다.

중요한 것은 수용자의 태도다. 수용자는 한편으로 심순애에게 공감하면서 다른 한편으로 비판하는 태도를 취하게 된다. 하늘의 뜻이 존재하지 않는 세상에서 심순애 가족이 해버린 선택을 충분히 이해하지만, 천륜·인륜이 힘을 발휘하지 못하고 돈·권력만이 지배하는 세상을 마음 깊이 신뢰하고 경외하지는 못하는 것이다.

세상의 지배 질서를 경외하고 신뢰하지는 못하지만 거부하지 못하는 수용자 대중의 사회심리야말로 결혼을 통한 급격한 계층 상승을 배신의 행동과 엮어놓는《장한몽》식의 서사를 계속 창출하고 유행시키는 근본적인 동력이다. 이런 사회심리가 만연한 세상에서 행복한 결혼과 동반한 급격한 계층 상승이라는 신데렐라 이야기는 힘을 잃는다. 신데렐라가 아닌 심순애가 더 큰 공감을 얻는 것이다.

## 새로운 정의와 윤리는 아직

앞서 이야기한 대로 결혼과 동반하여 계층 상승을 이룬 여자를 행복한 신데렐라가 아닌 심순애라는 신파적 인물로 만들어버린 것은 자본주의적 근대 질서가 천륜·인륜을 내팽개치는 냉정한 것이라고 느낀 대중의 심리였다. 이미 자본주의적 근대를 100년 이상 경험한 지금의 시점에서 생각해보면 근대 세계가 윤리와 적대적이라고만 느꼈던 그 시대의 사회심리에 마냥 동의할 수는 없다. 윤리의 근원이라 믿었던 하늘의 뜻이란 것이 의미 없어진 세상이라 할지라도, 윤리 자체가 사라지는 것은 아니기 때문이다. 자본주의적 근대의 세상에도 정의와 윤리의 원리는 존재한다. 예컨대 근대 사회에서도 인간이란 부당한 괴롭힘을 받지 않아야 하며, 누구나 평등하게 지니는 기본적 인권을 유지하면서 함께 사회를 이루며 살아가는 것을 저해하지 말아야 한다는 것은 중요한 윤리다.

문제는 급격히 변화된 20세기 전반의 우리 사회에서 이 자본주의적 근대 세상의 새로운 윤리를 만들어가고 체득하기엔 아직 시간이 부족했다는 데 있다. 급작스럽게 맞게 된 자본주의적 근대 세계의 지배 질서에서 살아남기 위해 순응을 하기는 하되, 새로운 윤리의 원리는 체득하지 못한 채 과거의 윤리를 어디까지 지켜야 하는 것인지 헷갈리는 상황인 것이다. 돈과 권력을 가진 강자가 과거처럼 하늘의 뜻을 두려워하지 않은 채 자유롭게 행동하는 자본주의적 근대 세상에서 개개인은 어떤 기준으로 움직이는 것이 근대적 정의·윤리에 합당한 것인지 아직 감을 잡지 못하는 형국이라고 할 수 있다.

우리나라의 신파적 작품에서 또 하나 중요한 유형의 기원이 된 일본 소설 번안 작품인 《쌍옥루》(1912)는 그러한 헷갈림을 고스란히 노출한다. 나는 《한국대중예술사, 신파성으로 읽다》에서 신파적 인물형을 《장한몽》형, 《쌍옥루》형, 《불여귀》형의 세 가지로 나누어 설명했다. 《장한몽》의 심순애가 배신이라는 자신의 잘못된 행동에서 신파적 상황을 전개하는 인물이라면, 《쌍옥루》의 이경자는 피해자로 출발했지만 잘못된 행동을 저질러 신파적 상황을 만들어놓는 인물이다. 즉 《장한몽》형 인물은 자신의 선택으로 신파적 결함을 안게 된 인물이며, 《쌍옥루》형 인물은 자신의 선택과 무관하게 신파적 결함을 안게 된 인물이지만 그 신파적 결함이 도덕적으로 치명적인 경우다.[1]

여학생 이경자는 유부남이면서 총각이라 사칭한 의학도 서병삼에게 속아 연애·결혼을 하고 임신까지 한다. 그러나 본처가 나타나 그 결혼은 파탄에 이른다. 이경자의 아버지는 이경자가 낳은 아이를 유모 손에 맡겨 멀리 떠나보내고 주변 사람들에게 이경자의 결혼·출산 사실을 철저하게 숨긴다. 몇 년 후 이경자가 안정을 찾자 등을 떠밀다시피

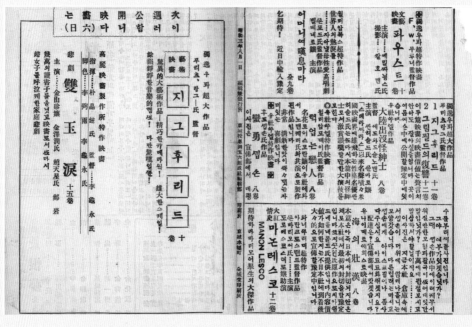

소설《쌍옥루》의 리메이크 영화〈쌍옥루〉(이구영 감독, 1925)의
상영을 알리는 극장 단성사의 주보. 이 주보는 1928년의 것으로,
1925년에 제작된 이 영화가 이후 종종 상영됐음을 알려준다.
한국영상자료원 소장

하여 딸의 과거를 숨긴 채 명문가의 아들과 혼인시킨다. 명문가 아들과의 결혼이라는 점에서 이경자는 결혼과 계층 상승을 동시에 성취한 인물일 수 있다. 하지만 심순애의 결혼이 배신이라는 부도덕을 수반했던 것처럼 이경자의 결혼은 거짓말이라는 부도덕을 수반한다. 게다가 자신이 낳은 아이까지 거두지 못했으니, 비록 그것이 아버지의 판단과 실행에 따른 것이라 할지라도, 어머니로서도 옳지 못한 행동을 한 셈이다. 당연히 이경자는 행복한 신데렐라일 수 없으며 결혼은 처절한 파탄에 이른다.

그런데 이경자가 과거를 숨긴 채 명문가의 아들과 결혼한 것은 부도덕한 일이지만, 애초에 그 역시 과거를 숨긴 서병삼의 사기 결혼 피해자였다. 지금의 관점에서 보면 서병삼은 사기 결혼을 저지른 것이며 비단 윤리적으로서만이 아니라 법적으로도 처벌을 받아야 마땅한 인물이다. 그러나 이 작품 속의 세상에선 그러한 법적·윤리적 정의가 제대로 구동하지 않는다. 그 결과 피해자 이경자는 서병삼이 자신에게 했던 것과 다르지 않은 사기 결혼을 감행하는 (아버지의 등에 떠밀렸다 할지라도) 또 다른 가해자가 된다.

즉《쌍옥루》에서는 악한 강자를 처벌하는 정의와 윤리가 작동하지 않는다. 이 작품에서 의사라는 사회적 지위를 가진 남자 서병삼은 약자인 여성 이경자에게 치명적 피해를 주고도 멀쩡하다. 이런 세상에서 약자는 어떻게 해서든 강자의 테두리 안으로 들어가야 제대로 살 수 있으니, 이경자는 아버지의 권유로 명문가의 아들과 결혼을 감행하게 되는 것이다. 이경자의 삶은 궁극적으로 파탄에 이르므로 그에게

도덕적 처벌이 내려지는 셈이지만, 이런 처벌이 약자에게 가혹하게 내려진다는 점에서 《쌍옥루》 속의 세상은 약육강식의 냉혹한 세상임이 틀림없다.

대중은 이렇게 약육강식과 우승열패의 원리만 작동할 뿐 새로운 정의와 윤리가 만들어지지 않은 세상을 신뢰할 수 없었을 것이다. 심순애도 이경자도 부자와 결혼했지만 행복한 신데렐라가 되지 못한 이유는 바로 이것이다. 우승열패의 원리만 작동하는 냉혹한 세상의 질서에 따라 강자의 세계로 진입하려 했던 인물에게 대중은 충분히 이해하지만 비윤리적이라는 판단을 내릴 수밖에 없는 것이다.

# 신데렐라와 며느리의
# 간극

## 그저 약할 뿐인데

사회 전체를 움직이는 하늘의 뜻이 사라진 세상에서는 가정의 지배 질서 역시 신뢰를 유지하기 힘들다. 전근대의 작품 속에 보이는 가정 내의 폭력과 범죄는 대개 두 가지 해결 방식을 취한다. 하나는 가정 내 권력자(부모나 조부모)의 힘으로 평정되고 이후 악한 행동에 대한 참회가 이루어지는 방식이고, 다른 하나는 초자연적 조력자가 나타나는 등 하늘의 힘이 발휘되거나 사회의 지배적 힘이 가정사에 개입함으로써 정의롭게 해결되는 방식이다. 《흥보전》에서 동생을 구박하던 형은 초자연적 힘에 의해 철저하게 징치된다. 《장화홍련전》에서는 정치적 지도자인 고을의 수령이 나서서 억울하게 죽임을 당한 자매의 원한을 풀고 악인을 징치한다.

　하지만 사필귀정의 믿음이 깨진 근대 세상에서는 가정 내 권력자에게 당하는 폭력을 해결할 방법이 없다. 그러므로 결혼을 통해 급격하게 계층 상승에 성공한 인물도 가정 내에서 내내 행복하리라는 믿음 역시 설 곳을 잃는다.

이를 가장 잘 보여주는 것이 일제강점기에 인기를 모았던 구박받는 며느리에 대한 이야기다. 실화를 바탕으로 한 연극 〈며느리의 죽음〉 (1930년대 중반 작품으로 추정)과 일제강점기 최고의 스테디셀러 중 하나인 연극 〈사랑에 속고 돈에 울고〉가 대표적이다. 일찍이 일본 소설을 번안해 소설·연극으로 인기를 모은 《불여귀》(1911), 최찬식의 소설 《안의 성》(1914)에서 시작되어 〈며느리의 죽음〉, 〈사랑에 속고 돈에 울고〉를 거쳐 1944년 김춘광이 쓴 연극으로 인기를 끈 후 1949년에 영화화된 〈촌색시〉에 이르기까지 일제강점기 '며느리 수난담'의 인기는 꾸준했다. 심지어 신파의 시대를 훌쩍 벗어난 지금까지도 여전히 인기를 모으는 이야기다.

이러한 작품 속의 신파적 주인공은 앞서 이야기한 《장한몽》형이나 《쌍옥루》형과는 다소 다른 《불여귀》형이라 이야기할 만하다.[2] 《장한몽》형이나 《쌍옥루》형 인물의 신파적 결함은 윤리적(혹은 당대에는 윤리적 문제라고 치부되는) 문제와 관련이 있다. 심순애의 배신은 스스로 자초한 것이려니와 이경자 역시 당대에는 비윤리적이라 치부됐던 정조의 상실에서 시작하여 급기야 스스로 사기 결혼에 나서는 인물이다. 이와 대조적으로 《불여귀》형의 인물이 지닌 신파적 결함은 윤리적 문제와 관련이 없다. 그들은 그저 약할 뿐이다.

## 가족 안에서도 작동하는
## 힘의 논리

며느리 수난담 부류의 작품에서 시집 식구의 모진 구박을 받는 며느리는 따지고 보면 결혼과 함께 계층 상승을 이룬 경우가 많다. 결혼의 성공을 해피엔딩으로 여기는 서사가 신데렐라 이야기라면, 일제강점기에 유행한 수많은 며느리 수난담 작품은 며느리가 결혼 이전에 지니고 있던 가난하고 낮은 지위 때문에 구박을 받는다는 이야기다. 편들어 줄 친정 식구가 고작 가난하고 젊은 오빠뿐이거나, 시골 출신으로 멀고 먼 서울로 시집온 경우거나, 기생의 전력을 가지고 있어 스스로 떳떳하지 못하거나 한 경우다. 가난하거나 시골 출신이거나 기생이었던 여자가 서울의 부잣집 아들과 결혼했다는 것은 분명 결혼과 함께 계층 상승에 성공한 것이다. 하지만 바로 그 때문에 그 며느리는 가족 내에서 가장 힘이 약한 존재가 되고, 시어머니나 시누이 등 강자의 횡포에 괴롭힘을 받는다.

　작품에서 그 횡포는 분명히 부당한 것임이 분명해 보이지만 해결될 가능성은 없다. 핵심은 바로 이 지점, 즉 해결의 가능성이 없다는 점이다. 가족 안의 갈등을 이렇게 그려내는 작품이 인기를 모았다는 것은 당대 수용자 대중에게 가정조차 우승열패와 약육강식의 냉혹한 지배 질서에서 자유롭지 못한 곳으로 받아들여졌다는 것을 의미한다. 가족 내에서 하늘의 질서가 구현된다고 믿었던 시대는 끝이 났다. 참고 견디면 언젠가는 좋은 날이 올 것이라는 믿음이 깨진 것이다. 가정 내에서 강하고 악한 자는 징치되지 않으며 개과천선으로 화해가 이루어지지도 않는다. 가정 내의 가해자를 제어할 힘은 어디에도 없다. 집안의 최고 권력자로 하늘을 대리하여 문제를 정당하게 해결해야 할 가부장 아버지는 악한 가해자를 제어하지 못한다. 심지어 가해자 편에 서기도 한다. 마지막까지 주인공의 편이어야 할 남편은 무력하거나 어리석어 문제를 심화한다. 〈사랑에 속고 돈에 울고〉에서 홍도의 남편 영호는 아내를 괴롭히는 어머니에게 맞서지 못할 뿐 아니라 어머니가 짜놓은 음해를 고스란히 믿어 아내 홍도를 버린다.

가족 내에서조차 사필귀정과 화해의 가능성이 사라져버린 이 상황은 분명 새롭고 낯선 것이다. 이런 상황에서 사람들은 이 문제를 어떻게 해결해야 할지 감을 잡지 못하니 해결의 실마리를 찾기가 힘들다. 하늘의 뜻이 무너지고 돈과 권력이 지배하는 새로운 근대 세계에 어울리는 새로운 정의와 윤리의 원리가 만들어지지 않았거나 체득되지 않았기 때문이다. 심순애와 이경자의 상황과 마찬가지로, 홍도가 맞게 된 가족의 상황은 새로운 정의와 윤리에 따라 조정되어야 했다. 가족을 비롯한 소공동체를 벗어나면 살 수 없었고 결혼 역시 이러한 공동체의 결속과 유지·번창이라는 점에서 의미를 지녔던 전근대와 달리, 신체의 자유와 직업 선택의 자유를 지니는 개인이 중심이 되는 근대 사회에서는 가족과 결혼의 의미와 이에 작동하는 원리 역시 달라질 수밖에 없다. 하지만 여전히 홍도가 처한 가족 질서는 전근대적인 한편, 그녀의 가정은 하늘의 뜻이라는 절대적 가치와 권위가 상실되어버려 오로지 힘의 논리로만 작동하는 곳이 됐다. 이런 상황에서 주인공은 저항도 하지 못하고 심지어 적극적으로 도망치지도 못한다. 해결책을 찾지 못하므로 부당한 상황임에도 순응하며 고통을 꾹꾹 눌러 참다가 급기야 자해하거나 미치는 식으로 파국을 맞는다.

## 심순애가 신데렐라가 되려면

요컨대 결혼과 급격한 계층 상승을 한꺼번에 성취한 인물은 행복한 신데렐라가 되지 못한 채 비극적인 신파의 주인공이 되어버린 것이 일제강점기 우리나라 대중예술의 상황이었다. 당대의 수용자 대중의 선택이 이런 것이었던 셈이다. 이쯤 되면 우리는 새로운 질문을 던져야 한다.

심순애와 이경자와 홍도가 신데렐라가 되려면 어떤 조건이 바뀌어야 할까? 즉 어떤 조건을 바꾸어 서사를 다시 만들어야만 이들의 이야기는 신데렐라 이야기가 될 수 있을까? 이 지점을 더듬어보는 것은 그저 이야기 구성하기의 재미를 만끽하기 위해서는 아니다. 차후에 신데렐라 이야기의 인기가 부활하는 시기의 사회 상황과 대중의 세계전유방식이 어떠할지 미리 살펴보는 일이라는 점에서 의미 있다.

《장한몽》의 심순애부터 따져보자. 심순애에게 애초부터 가난한 정혼자 이수일이 없었고 중매로 만난 김중배에게 호감을 가졌다면, 심순애는 행복한 신데렐라가 될 수 있었다. 이런 상황이라면 심순애는 부자와의 결혼에 윤리적 가책을 느낄 이유가 없다. 혹은 가난한 정혼자 이수일이 있었더라도 새로 만난 김중배에게 더 깊은 사랑을 느껴 이수일을 더 이상 사랑하지 않게 됐다면, 역시 비윤리적이며 원하지도 않는 결혼을 하는 신파적 인물은 되지 않았을 것이다. 사랑하는 마음이 그리 빨리 변할 수 없다는 것을 생각하면, 심순애의 사랑이 이수일에서 김중배로 옮겨가는 과정이 치밀하게 구축되어야 한다는 조건이 붙긴 하지만 말이다. 이와 반대로 심순애가 완전히 자본주의 사고방식에 투철한 인물이어서 결혼을 계층 상승의 비즈니스로만 받아들이는 경우도 생각해볼 수 있다. 이 경우 심순애는 스스로 비윤리적이라는 죄책감을 갖지 않을 것이다. 물론 결혼이 계층 상승을 위한 비즈니스가 된다는 것은 결코 행복한 결혼이 아니므로 이 경우의 심순애를 행복한 신데렐라라고 하기는 힘들다.

《장한몽》의 심순애는 마음으로는 여전히 이수일을 사랑하면서 어쩔 수 없이 돈 많은 김중배와 결혼한다는 식의 마음가짐을 갖고 있어 죄책감과 피해의식에 시달린다. 돈 많은 남자와의 결혼을 '어쩔 수 없이'라고 생각하는 그 마음이야말로 심순애가 신데렐라일 수 없게 만드는 가장 핵심적인 원인이다.

이 서사의 이면을 생각해보면 결국 부자와의 결혼을 기껍게 받아들이지 못하는 대중의 사회심리, 더 나아가 하늘의 질서가 깨진 속악한 자본주의적 근대 세상에서 부자이자 권력자로 살아가는 존재에 대한 불신이 깔려 있는 것이라 할 수 있다. 즉 그런 불신이 있으므로 부자와의 결혼과 가난한 정혼자에 대한 배신을 엮어놓는 얄궂은 서사를 즐기게 되는 것이다. 자본주의적 근대 세상에서 부자와 권력자를 부러워하면서도 기껍게 생각하지 못하고 그 부러움조차 부도덕함과 연결 지었던 당시 대중의 사회심리가 엿보인다.

그러니 행복한 신데렐라란 그들이 속한 체제가 어떤 체제든, 심지

어 냉정한 자본주의일지라도 그 체제의 지배 질서를 기꺼이 마음으로
받아들이며 체화할 때에야 탄생한다. 즉 근대 세상에서 행복한 신데렐
라 인물형이 인기를 모은다는 것은 당대의 수용자 대중이 자본주의적
지배 질서를 공정하고 당연한 것으로 받아들이고, 자신들이 그 질서
안에서도 사랑에 기반한 결혼과 계층 상승을 성취하면서 행복해질 수
있다는 희망을 가지는 사회라는 것을 의미한다.

## 이경자가 신데렐라가 되려면

《쌍옥루》의 이경자가 신데렐라가 되려면 서사가 어떻게 바뀌어야 할
까? 사회적 강자인 남성 서병삼이 유부남임을 속이고 사기 결혼을 감
행하는 부도덕한 인물이 아니었다면 시골 출신 여학생 이경자는 불행
해질 이유가 없다. 엄청난 신데렐라까지는 아니더라도 평범하게 행복
한 생활을 영위할 수는 있었을 것이다. 또는 서병삼이 부도덕한 행동
을 뉘우치고 적절한 사죄와 처벌을 받았다면 이경자의 상처는 조금은
덜했을 수 있다. 어느 쪽이든, 적어도 이 세상은 악한 강자가 약자를 괴
롭혀도 무방한 약육강식의 세상으로 그려지는 것은 아니기 때문이다.

　혹은 강자 서병삼에게 받은 피해와 상처를 약자인 이경자가 주체
적으로 극복했다면 어쩌면 이경자에게 그토록 심한 불행이 닥치지는
않았을 것이다. 미혼모의 삶은 고초의 연속이겠지만, 그럼에도 자신의
잘못이 아니니 열패감에 사로잡힐 이유가 없다고 스스로 다독여 자존
감을 회복하면서, 이경자의 그 상처까지 모두 감당하고 싸안아줄 부자
남자를 만나 사랑과 결혼에 성공했다면 이는 충분히 신데렐라 이야기

라고 할 수 있다. 하지만《쌍옥루》속의 세상은 그렇지 않다. 강자인 남성 위주의 지배 질서에서 여성의 결혼·출산 전력은 어떤 이유에서건 심각한 결함이자 죄로 간주되고, 작품 속의 모든 인물이 이 지배 질서로부터 자유롭지 못하다. 이경자의 잘못이 없으니 그것을 죄로 여기는 것은 분명 억울한 일이지만, 이경자조차 그저 억울할 뿐 죄가 아니라는 생각을 하지 못한다. 심지어 돈과 권세가 있는 집안의 남자와 결혼해야 한다는 아버지의 믿음에 암묵적으로 동의하여 이경자 스스로 사기 결혼에 발을 디디게 된다.

이는 전근대적 가부장제의 억압적 시스템에 자본주의적 근대가 결합된 냉혹한 세상의 질서에서 한 치도 벗어나지 못한 인물들의 행동이다. 악한은 처벌받음으로써 사필귀정이 이루어진다는 믿음은 모두 깨져버린 세상이면서, 대신 약자는 약한 존재 그 자체로도 강자와 동등한 한 인간으로서 떳떳하게 살아가는 것이 마땅하다는 새로운 근대적 윤리는 존재하지 않는 세상의 모습을 고스란히 보여주는 것이다.

## 홍도가 신데렐라가 되려면

한편 홍도의 경우는 어떨까? 기생 출신이 아니었다면 행복한 신데렐라가 될 수 있었을까? 덜할 수는 있겠지만 기생 전력이 고난의 절대적인 요소는 아닐 수 있다. 신데렐라 이야기의 핵심 중 하나가 급격한 계층 상승임을 생각하면 결혼의 한쪽은 가난하거나 낮은 지위의 사람이어야 한다. 그것이 약점이 되어 시집 식구에게 구박받는 이야기 역시 적지 않다. 며느리가 시골 출신이거나 가난한 고아 출신이라는 것만으로도 시집 식구가 구박하는 이야기가 흔했기 때문이다.

홍도가 행복한 신데렐라가 되는 가장 핵심 요건은 남편 영호가 집안으로부터 완전히 독립된 존재가 되는 것이다. 전근대의 발상이라면 하늘이 해결해주거나 하늘의 대리자인 왕 혹은 가부장이 갈등을 평정하는 방식의 서사를 만들어야 할 것이다. 그러나 이는 근대 사회에는 어울리지 않는다. 하늘의 힘이 사라져버린 세상에서 가부장은 결코 힘 있고 선한 절대적 존재가 아니며 오히려 폭력의 가해자·조력자일 수도 있기 때문이다. 근대적 발상으로 홍도가 신데렐라가 되는 것은 남편의 가족이 아내에게 가지는 불만에 큰 영향을 받지 않을 정도로 그 부부가 남편의 가족과 독립적인 삶을 영위하는 길일 것이다. 그렇다면 홍도는 행복한 신데렐라가 될 수 있다.

그러나 20세기 전반기 동아시아 사회에서 그것은 가능하지 않았다. 즉 홍도의 신데렐라를 가로막는 장애는 전근대적 폭압성을 그대로 지닌 채 우승열패의 속화된 근대 세계로 들어와 버려 하늘이 보장하는 선한 윤리는 사라지고 오로지 시대착오적인 억압적 질서만 남은 가족 시스템이다.

결국 자본주의적 근대 사회에서 전근대적 억압이 상존하는 가족 시스템은 그 자체로 약자에게 고통의 근원이 될 수밖에 없다. 개인의 자유를 존중하는 근대 사회에서 결혼은 가문의 결합이 아닌 개인의 자유의지에 따른 결합이다. 그러나 아무리 개인과 개인이 진정으로 사랑해서 결혼한다 해도 나머지 가족 구성원이 새로 편입되는 가족(며느리 수난담에서는 며느리)에게 모두 결혼 당사자만큼 호의적이지 않을 수 있고, 가족 안의 힘의 논리가 약자에게 폭력으로 작용할 수 있다. 사랑으로 결혼한 남녀가 이런 불행을 피하고 행복해지려면 나머지 가족 구성원이 결혼 당사자의 의사를 존중하며 그들의 결혼 생활에 과도하게 개입하지 말아야 한다. 즉 결혼과 함께 이 부부를 독립된 가족으로 인정하고 이들에게 독자적인 사생활이 있음도 인정하며, 이들의 사생활에 대한 과도한 간섭과 억압을 하지 말아야 하는 것이다. 그런데 일제강점기는 물론 지금까지도 우리나라에서 이것은 아직도 완전히 실현되고 있지 않다.

이경자와 홍도의 예를 보건대 사랑과 결혼, 가족관계에서조차 약육강식의 질서가 관철되는 세상에 대한 당대 대중의 불안감과 고통이 감지된다. 신분제도에서 해방된 자유로운 개인의 세상인 근대의 질서는 자유연애를 가능하게 했지만, 전근대적이고 가부장적인 질서는 여전히 남아 있어 약자인 여성은 언제든지 고통받을 수 있다는 불안감을 당시 대중이 광범위하게 가지고 있었음을 이들 작품은 보여준다. 세상에 대해 대중이 지닌 불안감이야말로 구박받는 며느리, 사기 결혼 후 버려진 미혼모 같은 고통받는 인물형을 계속 양산하는 근원인 셈이다.

## 행복한 신데렐라 이야기의
## 세계전유방식

심순애와 이경자와 홍도를 성찰해보건대 결국 근대 자본주의 세상에서 행복한 신데렐라 이야기가 인기를 모은다는 것은 대중이 자본주의적 근대에 들어선 그 세상에 대해 어느 정도 긍정적인 수용과 인정을

연극 〈사랑에 속고 돈에 울고〉는 동양극장 최고의 스테디셀러였고,
주연을 맡은 차홍녀와 황철은 최고의 인기를 누렸다. 극 중 홍도와 철수라는 주인공
이름은 차홍녀와 황철이라는 배우의 이름을 변형한 것이다. 위 사진은 차홍녀와 황철이
그대로 캐스팅되어 1939년에 영화화된 〈사랑에 속고 돈에 울고〉(이명우 감독)의
한 장면이다. 수십 년간 애창된 대중가요 〈홍도야 울지 마라〉는 이 영화의 주제가 중
하나다. 한국영상자료원 소장

하고 있음을 의미한다.

돈과 권력이 지배하는 약육강식의 세상임은 분명하지만 새로운 근대적 윤리가 존재하므로 그리 두렵고 부도덕하기만 한 세상은 아니라는 신뢰감이 있다면 대중은 자본주의적 근대 사회의 부자·권력자와의 행복한 결혼에 기꺼이 박수를 보낼 수 있다. 그러려면 자본주의와 개인주의의 질서를 어느 정도 체화하여 두려움이 가실 만큼의 시간이 필요하다. 그렇게 된다면 자본주의적 근대 세상은 오히려 개인의 욕망이 존중받고 사생활을 독립적으로 운용할 수 있는 자유로운 곳이므로 대중은 자신도 노력과 행운이 뒷받침된다면 충분히 자유롭고 넉넉한 삶을 살 수 있으리라는 희망을 가질 수 있다. 이쯤 되어야만 신데렐라 이야기는 인기를 모으게 되는 셈이다.

대중이 신데렐라 이야기를 좋아하게 된다는 것, 즉 자본주의적 근대 질서에 대해 어느 정도 긍정적 수용을 하고 그 안에서 희망을 가질 수 있게 되는 세상이란 것이 정말 객관적으로 살기 좋고 바람직한 사회라고 단정할 수는 없다. 이는 그런 세상이 바람직한가의 여부를 가리는 가치판단의 문제가 아니다. 오히려 수용자 대중의 태도와 심리가 어떠한가에 대한 문제라고 보는 것이 옳다. 객관적으로 볼 때 결코 바람직한 사회가 아닌데도 대중이 그 세계의 지배 질서에 대해 긍정적으로 수용하고 희망을 가질 수도 있기 때문이다. 마치 전근대의 세상이 근대 자본주의 사회에 비해 더 바람직한 세상이라 할 수 없음에도 전근대에는 《콩쥐팥쥐》 같은 신데렐라 이야기가 인기를 얻었던 것처럼 말이다.

# 고학력자와 하층민,
# 그 크나큰 격차

## 동시대지만 다른 세상을 산다

심순애와 이경자와 홍도가 인기를 얻은 일제강점기의 세상은 자본주의 지배 질서가 거부할 수 없는 것임에도 낯설고 불편했으며, 개인의 자유는 여전히 전근대적 가족 질서에 매인 억압적 세상이었고, 그래서 신데렐라는 살아남기 힘들었다고 이야기했다. 그런데 앞서 언급했듯이 신데렐라 이야기의 인기 여부는 그 세상이 객관적으로 바람직한가의 문제라기보다 대중예술의 수용자가 그 세상을 어떻게 받아들였는가에 달린 것이다.

다시 말해서 같은 세상을 살아가지만 계층, 젠더, 학력 등이 다른 다양한 대중은 각기 다르게 세상을 받아들일 수 있다는 이야기다. 예컨대 어떤 사회에서 한 계층은 부자·권력자와의 결혼을 통한 계층 상승을 도저히 긍정적으로 받아들이지 못하지만, 또 다른 계층은 자본주의적 근대 질서를 빠르게 체화하면서 이러한 거부감을 덜 가질 수도 있는 것이다. 어떤 집단은 심순애와 홍도에게 격하게 공감하는데, 또 다른 집단은 시대착오적이며 유치하다고 느낄 수도 있는 것이다. 이들은 같은 시대, 같은 곳에 살아도, 같은 세상에 사는 것이 아닌 셈이다.

## 《무정》의 이형식은 성공한 신데렐라

이런 점에서 볼 때 《장한몽》과 《쌍옥루》가 발표된 지 불과 10년도 안 된 시점에 나온 이광수의 장편소설 《무정》은 아주 흥미로운 작품이다. 신데렐라 이야기와 신파적 이야기 사이에서 절묘하게 오락가락하기 때문이다. 《무정》의 주인공인 영어 교사 이형식과 두 명의 여자는 삼각관계를 이룬다. 한 명의 여자 박영채는 은인의 딸이다. 부모를 잃고 친척 집을 전전하던 어린 이형식을 박 진사가 거두었고, 그 박 진사의 딸이 바로 박영채다. 둘은 어린 나이지만 이성적 호감을 키워가면서 배필이라 여기게 됐다. 그러나 박 진사의 집이 몰락하고 박영채는 어쩔 수 없이 기생이 됐으며 형식과는 오랫동안 소식이 끊겼다. 한편 다른 한 명의 여자는 부자이자 개화한 기독교인인 김 장로의 딸 김선형이다. 이형식은 김선형의 영어 과외 교사 노릇을 하는데, 김 장로는 가난하고 똑똑한 청년 이형식을 딸과 결혼시켜 함께 미국 유학을 보내고자 한다. 그런데 이형식이 김선형에게 영어를 가르치기 시작하여 연애와 미국 유학의 꿈이 본격화되는 상황에서 오랫동안 소식이 끊겼던 박영채가 나타나 옛 정혼자인 이형식을 찾아온다.

이 삼각관계 구도로만 보자면 이형식은 부자 신랑감 김중배와 가난한 정혼자 이수일 사이에 놓인 '남자 심순애'처럼 보인다. 정혼자를 배신해야만 부자와의 결혼에 성공할 수 있기 때문이다. 작품 안에서 보자면 이형식은 김선형에게 호의를 갖고 있지만 아직 연애 수준은 아닌, 그저 젊은 여자와 무릎을 마주 대고 앉아 시쳇말로 '썸 타는' 정도의 감정 상태다. 그즈음 어릴 적 마음에 두었던 정혼자, 은인의 딸인 박영채가 나타났다. 우여곡절 끝에 이형식은 박영채가 아닌 김선형과 부부가 되어 함께 미국 유학을 떠난다. 그렇다면 이형식은 부잣집 딸과 결혼에 성공했으나 정혼자를 배신했으니 심순애와 닮은꼴이다.

그런데 흥미롭게도 《무정》의 이형식은 심순애가 아니라 신데렐라에 가깝다. 작품의 중반을 넘어가면서 이형식에게는 죄책감이나 자기 연민 같은 복잡한 신파적 감정 상태가 없다는 점에서 그렇다. 어떻게 그럴 수 있을까?

이 작품의 흐름은 이형식이 신파적 감정을 갖지 않도록 조율되어 있다. 첫째, 박영채와 정혼 관계인 것은 맞지만, 그것은 부모가 정해준 것이지 자신들이 연애 감정을 키워 선택한 것이 아니다. 말하자면 부모가 배필을 정하는 방식은 봉건적인 것이므로 개화한 시대에는 버려야 하는 관습이다. 이 지점은 성추행을 당한 후 대동강에 몸을 던진 박영채를 구해준 개화한 신여성 김병욱이 박영채에게 던진 근본적인 질문에서 선명해진다. 박영채는 이 질문을 통해 이형식을 배필로 생각한 것이 근대적 개인인 자신의 선택이라기보다는 아버지의 뜻을 따른 봉건적 태도의 소산이었음을 깨닫는 것이다. 둘째, 이형식을 찾아온 박영채는 얼마 지나지 않아 성추행을 당하고 그 충격으로 투신자살을 하기 위해 대동강으로 가버렸다. 적어도 서울에서 박영채는 사라진 셈이다. 셋째, 부자인 김선형과 그 아버지 김 장로가 악인이거나 파렴치한 인물로 그려지지 않는다. 즉 이형식이 김선형과 결혼하는 것 자체에 큰 죄책감을 갖지 않아도 되는 상황이다. 마지막으로, 자살을 시도했던 박영채는 극적으로 구출되어 구원자의 도움으로 이형식에 대한 미련을 버리고 미국 유학까지 가게 되니, 이형식으로도 죄책감을 덜 수 있는 조건이 만들어졌다.

그런데 이형식이 심순애가 되지 않은 가장 큰 이유는 그 캐릭터의 사고방식이다. 이와 같은 조건이 갖추어졌다 할지라도 신파적 태도를 지닌 캐릭터라면 얼마든지 심순애의 감정 상태를 보일 수 있다. 그러나 이형식은 다르다. 박영채와의 정혼이 전근대적이었다고 생각한다. 그러면서도 성추행을 당한 박영채가 '순결'을 잃었는지 매우 궁금해하는데, 이는 의도한 것은 아니나 박영채를 포기할 구실을 찾는 심리 상태라고 볼 수 있다. 박영채의 자살 소식을 듣고 부랴부랴 따라가긴 하는데, 제대로 찾아보지도 않은 채 바로 포기하고 상경한다. 이광수의 소설 속 주인공이 대체로 그러하듯, 쉽게 흔들리고 쉽게 반성하면서도 신파적 죄책감 같은 것을 오랫동안 간직하지는 않는다. 빠른 반성과 빠른 자기 합리화에 능하다고 설명하는 편이 옳다. 자신에게 유리한 선택을 하면서 이를 빨리 합리화하여 신파적 인물이 겪는 내면의 분열을 크게 겪지 않는 것이다. 이러니《무정》은 이형식의 연애담으로만 보자면 결혼과 계층 상승의 성공 이야기가 됐고, 이형식은 비교적 성공한 신데렐라맨이라고 볼 수 있다.

## 기독교인이며 근대적인
## 착한 부자

이형식이 작가 이광수의 페르소나 같은 인물임을 고려하면 《무정》은 식민지적 근대성을 받아들이기 시작한 그 세상의 새로운 질서에 대해 작가가 기꺼이 인정하고 희망적인 태도를 보이는 작품이라고 할 수 있다. 이형식과 박영채의 정혼 관계는 전근대적이니 구태여 지키는 것이 온당하지 않으며, 이형식도 박영채도 선하고 근대화된 기독교인의 품에서 새 삶을 살게 된다. 무엇보다도 자본주의적 근대 사회의 강자인 부자와 권력자에게 불편한 감정을 갖지 않는다. 박영채에게 성폭행을 저지르는 배 학감 같은 인물이 없는 것은 아니나, 가난하고 능력 있는 이형식과 박영채에게 행복의 길을 열어주는 착한 사람은 부자이며 기독교인이고 서양식 근대적 생활방식을 받아들인 사람들이다. 그러니 《무정》에서는 부자와의 결혼을 통한 계층 상승을 죄로 설정하지 않는 것이다. 근대적 질서는 전근대적 세상보다 훨씬 말끔하고 세련되며 위생적이고 심지어 윤리적이기까지 하다. 구더기 들끓는 된장으로 찌개를 끓이는 하숙집 노파의 음식 같은 것에 비해, 기독교인인 김병욱의 집에서 먹는 상큼한 샌드위치가 훨씬 바람직한 것으로 그려지는 것이다. 이렇게 바람직한 근대성의 세계에 입성하여 행복한 삶을 살 수 있다는 희망과 자신감이 이 작품에는 넘쳐난다.

　이러한 젊은 지식인이 선택한 근대성의 길은 작품의 마지막에서 보이듯 수해 현장에서 벌어지는 자선음악회처럼 이 세상에서 고통받는 많은 사람을 위한 것이니, 선택하지 않을 이유가 없다. 같은 시대에 새로운 근대적 질서를 불편해하는 신파적 작품이 인기를 끌고 있었건만, 이광수의 작품에는 그 불편함을 희망이 압도하는 태도가 확연히 드러나 있다.

## 《찔레꽃》, 신파적 세상 속의 신데렐라

1930년대로 접어들면서 신파적 미감은 점점 대중화됐다. 신파성이 이입되던 초기에는 대도시의 고학력자이며 경제적으로도 여유 있는 사람의 전유물이었을 것이 분명하지만, 식민지 체제가 안정되고 자본주의적 근대의 체험도 그에 따라 확산되면서 신파적 미감도 대중화됐다. 흥미로운 것은 신파성의 대중화 현상과 맞물려, 대도시의 젊은 고학력자를 중심으로 신파성에서 이탈하려는 경향 역시 조금씩 나타난다는 점이다. 물론 그 이탈이 당시 사회의 보편화된 현상은 아니었다. 하지만 이미 1920년대 후반에 들어서면서부터는 신파적 미감은 '덜 예술적인' 대중예술에서나 존재하는 미감으로 취급을 받으며, 당대 최고 지식인의 본격문학과 본격연극에서는 점차 주변으로 밀려나기 시작한다. 그리고 급기야 1930년대에 이르면 대중예술에서도 소수의 작품이 신파성을 벗어나기 시작한다.

1937년에 발표된 김말봉의 장편소설 《찔레꽃》은 이를 보여주는 대표적인 작품이다. 이 작품은 작가 스스로 대중소설로 발표한 작품이다. 하지만 이광수의 소설에서부터 지방 순회 흥행이 중심을 이루는 대중극을 거쳐 작가의 이름조차 명기되지 않은 채 길거리에서 판매되는 싸구려 딱지본 대중소설에 이르기까지 대중예술이 지닌 넓은 스펙트럼을 고려할 때, 이 작품은 문단 내에서 인정받는 이른바 '고급한' 대중소설이었다. 작가 김말봉은 기독교계에서 설립한 정신여학교를 거쳐 일본 도시샤 대학을 나온 당대 최고의 엘리트 작가로, 해방 후에는 공창폐지운동 등을 하며 여성계를 대표하는 인물로 꼽혔다. 이런 작가의 대표작인《찔레꽃》은 같은 시기 대중극으로 인기를 모은 〈사랑에 속고 돈에 울고〉 같은 신파적 작품과는 꽤나 결이 다르며, 주인공에게서는 행복한 신데렐라의 조짐마저 살짝 드러나고 있어 주목할 만하다.

《찔레꽃》의 줄거리는 꽤나 복잡하여 이를 모두 옮기는 것은 소모적이다 싶다. 이미 연애 소재 소설의 관행이 수십 년간 축적된 후 창작된 작품답게, 적지 않은 인물을 여러 개의 삼각관계로 엮어놓고 있다. 인물 관계를 건조하게 정리하면 이렇다. 가난한 고학력 여성인 안정순은 조만호라는 부잣집에 가정교사로 입주한다. 혹시라도 그 집에서 싫어할까 봐 애인 이민수의 존재를 감춘다. 부자인 조만호는 딸 또래인 안정순을 탐하고, 조만호의 아내는 안정순을 경계하며, 병든 조만호의 아내가 죽은 뒤에 후취 자리를 노리는 기생 옥란도 역시 안정순을 경계한다. 그런데 옥란은 진정으로 조만호를 사랑하는 것이 아니며, 은행원인 최근호와 연인 관계다. 조만호의 아들인 조경구도 안정순에게 반하여 부잣집 딸들과의 혼담에 시큰둥하고, 조만호의 딸인 조경애는 안정순의 애인인 이민수에게 반하여 백만장자의 구애를 받아들이지 않는다.

　인물끼리의 삼각관계는 아주 복잡해 보이지만, 그 양상은 아주 단순하다. 주요 인물인 안정순, 이민수, 조경구, 조경애는 마음으로 사랑하는 인물과 돈 많은 구애자 사이에서 삼각관계를 이룬다는 공통점을 가지고 있다. 그런 점에서 보면 이 작품은 《장한몽》의 심순애와 같은 인물형을 여러 명 설정하여 복잡하게 꼬아놓은 것이라고도 할 수 있다. 특히 제2주인공이자 부잣집 자녀인 조경구와 조경애는 내적 갈등이 그리 심하지 않지만, 제1주인공이면서 가난한 젊은이인 안정순과 이민수는 둘 다 부자 구애자에게 선뜻 거절의 의사를 표하지 못한다는 점에서 충분히 심순애와 같은 인물형이 될 가능성이 열려 있다. 만약 안정순이 조경구나 조만호와 결혼하여 이민수에게 죄책감을 느끼고, 이민수 역시 조경애를 택하여 안정순에게 죄책감을 느낀다면, 전형적인 신파적 서사가 됐을 것이다.

　그러나 이 작품은 이야기를 그렇게 몰고 가지 않는다. 《장한몽》과의 가장 큰 차이는 네 명의 주요 인물이 자신의 마음을 배반하지 않는다는 점이다. 마음은 이수일에게 있으면서 김중배와 결혼해버리는 심순애와 달리, 이들은 마음에 없는 인물에게 결혼 의사를 표하는 짓은 하지 않는다. 부자인 조경구와 조경애는 자신의 욕망을 솔직하게 드러내고 거리낌이 없다. 그뿐만 아니라 가난한 안정순과 이민수 역시 가난 때문에 비굴한 태도를 보이거나 부자의 애정 공세에 심각하게 휘둘리거나 혹은 자학과 자기 연민을 가질 만한 행동 따위는 하지 않는다. 몇십 년 전의 심순애와 이경자에 비하면 이들은 꽤나 주체적인 근대적 인물로서의 면모를 지니고 있다. 돈과 권력이 지배하는 자본주의 사회라는 환경 속에서 개인의 의지와 욕망을 그럭저럭 잘 조율하며 살아가는 인물인 것이다. 그래서 《찔레꽃》에서는 갈등을 만들고 전개하는 가장 큰 동력이 바로 '오해'다. 안정순과 이민수의 사랑은 굳건하지만, 안정순은 이민수가 혹시 경애를 선택하고 싶어 하는 게 아닐까 오해하고, 이민수 역시 안정순이 조경구를 선택하고 싶어 하는 게 아닐까 오해하는 식이다. 자신은 배신하지 않지만 타인의 배신을 의심하는 것으로 사건이 전개되는 것이다.

따라서 《찔레꽃》의 결말 역시 《장한몽》 등의 전형적인 신파적 작품과 달리, 심각한 파국에 이르지 않는다. 무엇보다도 네 명의 인물이 배신행위에서 자학과 자기 연민으로 이어지는 짓을 저지를 만큼 내면이 허약하지 않다. 그렇다면 이들의 오해가 풀리고 오해 때문에 달라진 상황을 각기 잘 대처하고 소화하는 방식으로 마무리될 수 있다.

## 젊고 근대적인
## 착한 부자의 가능성

신파적으로 전개될 법한 상황에서 이들 인물이 그리 크게 흔들리지 않는다는 것은 무엇을 의미할까? 자신의 의지나 윤리적 확신에 반하여 돈·권력이 지배하는 자본주의 지배 질서에 순응하지 않을 만한 내면을 지녔다는 것을 의미한다. 이는 근대적 개인으로서 자신의 기준에 따라 움직일 정도의 주체성을 지녔거나, 돈·권력이 지배하는 자본주의 지배 질서가 그리 많이 불편하지 않거나 둘 중 하나다. 이 작품의 인물은 둘

다에 해당하는 것처럼 보인다. 신파적으로 휘둘리지 않을 만큼 비교적 군건한 내면을 지녔다는 점은 누차 설명한 것과 같은데, 게다가 안정순과 이민수가 부유한 조경구·조경애 남매와 좋은 관계를 맺고 있다는 점에 특별히 주목할 필요가 있다. 《장한몽》의 김중배가 오로지 부자라는 이유만으로 비호감 인물로 설정된 것은 자본주의 지배 질서와 윤리·진정성이 동거할 수 없다는 사고방식을 은연중에 드러내는 것이다. 그에 비해 《찔레꽃》은 조경구·조경애 정도의 인물이라면 돈·권력을 가졌더라도 윤리·진정성을 함께 지닐 수 있다고 인정하는 셈이다. 조경구와 조경애는 가난한 안정순이나 이민호를 무시하지 않으며 진정한 우정이나 애정의 대상으로 대한다. 즉 이 작품에서는 돈·권력이 지배하는 자본주의 지배 질서에 대한 불안감이 상당히 누그러지면서, 빈부귀천의 위계 의식에서 벗어나 인간을 모두 평등하게 인정하는 근대적 의식이 조금씩 자리 잡아가고 있다고 볼 수 있다.

물론 조만호 등의 인물은 전형적으로 비윤리적인 부자이며 속물로 설정돼 있다. 자본주의 사회에서 근대적 윤리를 지니는 인물은 오로지 대도시에서 신교육을 제대로 받은 고학력의 젊은이뿐이다. 아직은 여기에 머물고 있음에도 어쨌든 신파적 작품의 내용이 자본주의적 근대 사회에 대한 비관적 태도에서 벗어나기 시작했다는 점은 분명해 보인다. 조만호 부부처럼 나이 든 세대나 기생 옥란 같은 저학력의 인물과 달리, 어릴 적부터 근대 교육을 받고 외국 유학 등을 경험한 젊은 고학력자는 가난하고 사회적 지위가 낮다는 이유로 사람을 함부로 대하지 않는다. 이처럼 근대 자본주의 사회는 인간이 훨씬 행복하고 풍요롭게 살 수 있는 세상으로 나아갈 수 있다는 태도가 깃들어 있는 것이다. 안정순이 조경애·조경구와 친근하게 지내면서 그 풍요로움에 안락함을 느끼고, 작품의 마지막에는 조경구와 연인 관계로 발전할 가능성을 열어놓은 점은, 그런 점에서 설명될 수 있는 것이다.

## 자식 살리려 남편 죽이는
## 세상에 신데렐라란 없다

그러나 시기적으로 훨씬 후의 작품임에도 학력과 계층이 낮은 사람들이 좋아했던 작품 중에서는 여전히 신데렐라가 탄생할 가능성이 거의 없어 보였다.《찔레꽃》이 발표되고 무려 10년 이상 흐른 뒤인 1940년대 후반과 1950년대에 대중적으로 인기를 모은 수많은 신파극을 보면 그렇다. 이 시기는 (뒤에서 이야기할) '자유부인', '아프레걸'이 물욕과 성욕을 드러내던 시기였다. 하지만 다른 한편으로 이와 전혀 다른 신파적 악극(樂劇)이 대박 행진을 한 것 역시 이때였다. '눈물의 여왕' 전옥의 〈눈 나리는 밤〉(전옥 작·연출, 1947)이 대표적이다. 악극 작가이자 가요 〈애수의 소야곡〉의 작사가인 박노홍은 이 시대의 가장 인기 있던 악극으로 〈울지 마라 두 남매〉(박노홍 작·연출, 1949), 〈눈물〉(김석민 작·연출, 1951)과 함께 〈눈 나리는 밤〉을 꼽았다. 세 편 모두 '손수건을 준비하세요'(1960년대까지 영화 포스터에서 종종 쓰인 문구) 수준의 최루적 신파극인데, 특히 갈가리 찢긴 가족 이야기를 담고 있다는 점에서 공통적이다.

　〈눈 나리는 밤〉은 난봉과 마약에 찌든 남편이 가족을 돌보지 않자 어린 남매를 살리려고 셋째인 갓난아기를 죽인 어머니의 이야기다. 사정을 딱하게 여긴 경찰이 어머니를 감옥으로 보내면서 남겨진 남매를 입양하여 훌륭하게 키웠고, 어머니는 출감 후 자식 주위를 맴돌며 지켜보기만 한다. 그런데 자식이 잘산다는 것을 안 남편이 돈을 노리고 접근하려 하자, 어머니는 남편과 실랑이를 하다 급기야 살해하고, 검사가 된 아들에 의해 기소된다는, 손발이 오그라들 정도의 신파적 줄거리로 이루어져 있다.

갈가리 찢긴 가난한 가족 이야기는 일제강점기의 신파적 작품에서도 즐겨 다뤄진 소재였다. 신파극에서 "엄마!" 하고 울부짖어 관객의 눈물을 쏙 빼는 아역배우는 늘 인기 만점이었다. 〈눈 나리는 밤〉도 이전부터 널리 알려진 〈벌 받는 어머니〉나 〈영아살해〉 등을 변주한 작품이다. 그런데 신파적 작품에서 이런 가족물의 인기가 연애물을 압도했다는 점은 1950년대의 독특한 지점이다. 수십 년 동안 신파가 연애물 취향의 대도시 청춘남녀를 넘어서서 학력·계층이 그리 높지 않은 중장년 수용자에게까지 대중화된 이유도 있겠거니와, 무엇보다도 1950년대에 해방과 전쟁 등으로 요동치는 세상에서 가족 해체 이야기가 호소력을 발휘했기 때문일 것이다. 1950년대에 크게 유행한 노래들 속의 "금순아 어디를 가고 길을 잃고 헤매었더냐"(〈굳세어라 금순아〉), "맨발로 절며 절며 끌려가신 이 고개", "아빠를 기다리다 어린것은 잠이 들고"(〈단장의 미아리고개〉)와 같은 애끓는 가사는 그저 부모의 묘소 앞에서 통곡하는 〈불효자는 웁니다〉의 비애와는 질적으로 다른, 불안정한 사회 속 가족 해체의 경험을 담고 있다.

〈눈 나리는 밤〉처럼 인위적으로 꼬아놓은 악연은 아닐지언정, 죽

악극 〈눈 나리는 밤〉을 1958년 리메이크한 영화(하한수 감독) 포스터.
악극의 히트로 '눈물의 여왕'이라 불리며 관객을 몰고 다녔던 배우 전옥이
영화에서도 주연을 맡았다. 한국영상자료원 소장

었거나 집을 나가서 늘 집에 없는 아버지 혹은 차라리 없느니만 못한 아버지는 20세기 후반 작품에서 넘쳐났다. 이 시대에 태어나고 자란 아이가 청년기에 이른 1970년대의 시에 "아비는 매질과 술주정을/ 벼 몇 섬의 빚과 함께 남겼단다"(황명걸, 〈한국의 아이〉), "새벽에 나가 꿈속에 돌아오던 아버지", "아버지… 씹새끼, 너는 입이 열 개라도 말 못해"(이성복, 〈그해 가을〉) 같은 구절이 터져 나오는 것은 우연이 아니다. 이런 남편을 둔 여자는 오로지 자식을 굶기지 않기 위해 눈물과 독기로 버텼거나, 어쩔 수 없이 자식을 버리고는 평생 피눈물을 흘렸을 것이다.

아이 딸린 여자가 어쩔 수 없이 성매매 현장으로 밀려 나오는 것 역시 전형적인 패턴이다. 영화 〈어느 여대생의 고백〉(신상옥, 1958)의 순이(황정순 분)가 그러려니와, 훗날 이 시절을 배경으로 한 박완서의 《나목》(1970)에서 미군 상대 성매매를 하며 그악스럽게 돈을 모으는 다이아나 역시 어린 아들을 키우는 엄마였다. "석윳불 등잔 밑에 밤을 새면서/ 실패 감던 순희가 다홍치마 순희가/ 이름조차 에레나로 달라진 순희 순희"라고 노래한 대중가요 〈에레나가 된 순희〉(손로원 작사, 한복남 작곡, 한정무 노래, 1953)에서는 '순결한 처녀의 양공주 전락'이라는 서사를 선택했지만, 현실에서는 미혼 여성뿐 아니라 수많은 아이 엄마조차 성매매 현장으로 유입됐다.

남편을 죽이고 몸 파는 짓으로까지 떠밀리지 않고도 자식에게 밥 먹일 수 있는 삶을 간절히 바랐던 극한 상황에서 행복한 연애·결혼으로 계층 상승까지 이루는 신데렐라의 꿈이란 가당치도 않다. 근대 교육과 상당한 물질적 풍요로움을 꿈꿀 수 있는 소수 지식인이 보여주는

신데렐라의 가능성, 자식을 살리기 위해 살인과 기아(棄兒)를 감수해야
하는 삶, 이 둘은 동시대의 모습이었다.

# 신데렐라의
# 가능성 혹은
# 불가능성

# 3:

인생은 '엔조이', 그러려면 돈이 필요해!

신데렐라맨의 시대: 사랑과 야망을 한꺼번에

결혼과 가족은 또 다른 전쟁터

짧은 신데렐라맨의 시대가 끝나고

# 인생은 '엔조이',
# 그러려면 돈이 필요해!

## 1950년대 대중소설의 핵심 코드,
## 불륜

일제로부터 해방되고 미군정과 3년간의 전쟁 등 격변의 세상을 겪으면서 1950년대 대중예술 속의 사랑과 결혼은 그 양상이 급격히 변했다. 한마디로 돈과 사랑에 대한 욕망, 물욕과 성욕을 드러내는 데 적극적인 인물의 세상이 됐다. 남녀 간의 사랑은 사회적 금기를 쉽게 무시하며, 성욕을 드러내는 데도 거침이 없다. 돈에 대한 욕망에 대해서도 부끄러움이나 죄책감을 그리 오랫동안 마음에 담아두지 않는다. 이는 이전에는 찾아보기 힘든 새로운 경향이다. 즉 이 시기의 대중이 돈과 사랑에 대한 새로운 태도를 갖기 시작했다는 의미다.

　이 시기 대중예술 속의 사랑에서 '불륜'이 차지하는 비중이 두드러지게 커진 것은 매우 주목할 만한 지점이다. 속 깊은 사랑이든 찰나적 성욕이든 간에 자신의 사랑·성의 욕망에 충실한 행동이 하필이면 불륜이 되어버리는 상황을 자주 만들어내는 것이다.

1950년대의 대중소설 작가 '빅 3'로 흔히 《청춘극장》(1949)과 《실락원의 별》(1956)의 김내성, 《자유부인》(1954)의 정비석, 《별아 내 가슴에》(1954)의 박계주를 거론하며, 이에 필적할 여성 작가는 《누가 죄인이냐》(1957)의 장덕조를 꼽아야 할 것이다. 이 시기 이들의 작품은 바로 리메이크 영화가 만들어질 정도로 엄청난 인기를 누렸다. 그런데 이 인기 작가들이 모두 앞서거니 뒤서거니 하며 불륜을 다루었다. 각 작가의 성향이 다 같지 않은데도 그러하다.

불륜 소재를 즐겨 다룬 작가로는 정비석과 장덕조가 으뜸이다. 정비석은 동시에 두세 편의 장편소설을 연재할 정도의 다작 작가로, 당대 세태를 기민하게 포착하고 과감한 연애 갈등을 설정하여 속도감 있게 전개하는 것이 장기다. 장덕조는 정비석과 가장 비슷한 양상을 보인다. 속도감이나 감각적 질감에서는 정비석에 미치지 못하지만, 기자 출신 작가답게 세태에 대한 포착이 기민하다. 정비석에 비해 연애 갈등에서 진정성을 중시하는 특성을 지닌다는 점에서는 차별성을 드러낸다. 이 두 작가는 1950년대 내내 시종 불륜을 중심 소재로 다룬다. 유부남이나 유부녀의 사랑뿐 아니라, 전쟁 등으로 배우자의 생사를 알 수 없게 돼버린 상황에서 새로운 연애에 돌입해버리는 상황도 자주 만들어낸다.

그런데 정비석·장덕조와 달리 불륜을 즐겨 다룰 만한 성향이 아닌 김내성과 박계주 역시 이 시대의 작품에서는 예외가 아니다. 김내성은 추리소설로 출발하여 1950년대에 연애소설로 옮겨간 작가다. 일찍이 일제강점기에 장편 추리소설《마인》으로 명성을 날렸고 1970년대에 김성종이 나오기 전까지는 그에 필적할 만한 추리소설 작가가 전무하다고 말해도 과언이 아니다. 최고의 추리소설 작가답게 그의 작품은 매우 논리적으로 짜여 있고, 한국의 대중소설 작가가 흔히 보이는 감정 과잉의 결함을 거의 드러내지 않으며, 논리적 사유와 반듯한 윤리 의식을 지닌 주인공을 즐겨 설정한다. 한편 박계주는 논리와 이성이 아닌 오로지 감정·느낌을 중시하는 작가로, 그의 데뷔작이자 대표작으로 거론되는《순애보》에서 보이듯 결벽증이라 할 정도로 과도하게 순정과 윤리적 순결함에 집착한다. 그런 이 두 작가 역시 1950년대 중반을 넘어서면서는 불륜(혹은 그에 필적할 정도로 금기시되는 사랑) 소재의 유행을 피해 가지 못한다.

이는 이 시대의 대중소설에서 윤리 의식이 부족한 부정적 인물만 불륜에 빠지는 것이 아닌 현상과도 일맥상통한다. 정비석의《자유부인》에서처럼 교수 부인이 사교춤에 빠져 불륜을 저지르는 설정도 없지 않지만, 김내성이나 장덕조의 작품에서처럼 진정으로 사랑하지만 하필 그 상대가 기혼자인 '진정성 있는 불륜' 설정도 흔하다. 특히 김내성의 유작인《실락원의 별》은 사회에서 존경받는 지식인이며 품격과 견결한 윤리 의식을 지닌 소설가 주인공이 아내와 자녀를 여전히 사랑하면서도 열정적인 여대생과 예상치 못하게 불륜에 빠져 헤매는 이야기라는 점에서 꽤나 흥미롭다.

도대체 왜 이런 불륜 이야기가 유행했을까? 일단 이 시대의 불륜

이야기가 일제강점기 작품 속의 연애 이야기와는 상당히 다른 성격을 지닌다는 데 주목할 필요가 있다. 즉 주인공의 자유연애와 결혼이 부모의 반대 등 전근대적 인습에 의해 가로막히거나 불행에 빠진다는 설정과 큰 차이가 있다는 것이다. 자유로운 사랑을 가로막는 전근대적 인습은 당연히 극복해야 할 것으로 치부되므로 이는 선명한 선악의 이분법을 확실하게 드러내는 구도다. 하지만 1950년대의 불륜 소재는 선명한 선악 이분법으로부터 다소 벗어나 있다.《자유부인》에서처럼 한때의 바람기와 성욕을 이기지 못한 불륜의 주체가 처벌을 받는 서사도 드물지 않지만, 진정성 있는 불륜이 설정된 작품은 이런 선악 이분법으로 설명되지 않는다. 심지어 명백하게 비윤리적으로 보이는 불륜을 다루는 작품조차 그 행위의 비윤리성보다 강렬한 사랑의 감정과 성욕의 매혹이 압도적으로 강하게 부각됨으로써 권선징악의 표면적 주제가 무력화되는 경우가 잦다. 한편 1950년대의 불륜 소재 이야기는 돈 때문에 진정한 사랑을 배신한다는《장한몽》의 설정과도 다르다.《장한몽》의 설정은 돈·권력으로 움직이는 그 시대의 지배적 질서를 비윤리적이라 생각하면서도 어쩔 수 없이 끌려감으로써 죄책감과 피해의식을 지니는 것이 특성이지만, 1950년대 불륜의 주체는 일말의 죄책감을 가지면서도 당장 자신이 느끼는 강렬한 사랑의 감정과 성욕에 더욱 충실하게 따른다는 점에서 큰 차이를 보인다.

　　이는 이 시대의 사랑과 성에 대한 욕망이 윤리·관습의 금지 영역에까지 넘나들 수 있고, 인간에게 이런 욕망이 자연스러운 것이라고 승인하기 시작했음을 의미한다. 남자만이 아니라 여자도, 미혼녀만이

아니라 기혼녀나 미망인도, 피 끓는 젊은 남녀만이 아니라 나이 든 중
년도, 사회적 지위나 윤리 의식 유무를 막론하고, 인간이란 누구나 애
정욕·성욕이라는 기본적 욕구를 가지고 있으며, 이를 드러내는 것이
당연한 것임을 1950년대의 대중소설은 줄기차게 이야기하고 있다. 비
록 그것이 사회통념상 비윤리적으로 치부된다 할지라도 말이다. 잘잘
못의 판단은 차치하고라도, 적어도 이러한 욕망이 인간 누구에게나 당
연히 존재하는 것으로 승인되기 시작했음은 부인할 수 없다. 작품에서
불륜 이야기가 만발한 것은 이 때문이다. 성욕·애정욕이란 인간에게
보편적인 것이며 쉽사리 부정할 수도 없는 것이라고, 인기 창작자들이
입을 모아 이야기한 시대는 1950년대가 처음이다.

## 질주하는 물욕과 성욕
이렇게 고삐가 풀린 것은 사랑·성욕만이 아니었다. 물욕을 비롯한 여
타 기초적 욕구·욕망도 마찬가지였다.

> 인생이란 무엇인지 청춘은 즐거워
> 피었다가 시들으면 다시 못 필 내 청춘
> 마시고 또 마시고 취하고 또 취해서
> 이 밤이 새기 전에 춤을 춥시다
> 부기부기 부기우기 부기부기 부기우기
> 기타부기
> ─ 〈기타부기〉 1절 (이재현 작사·작곡, 윤일로 노래, 1958)

표면적으로는 즐겁고 신나는 노래인데 뒷맛이 개운하지 않다. 여태껏 이렇게 찰나적 향락의 욕망을 이토록 거리낌 없이 드러내는 노래들이 유행한 것은 처음이기 때문이다. 이 시대 대중가요의 독특한 특징 중 하나는 미국에서 유행하던 춤, 그것도 남녀가 손과 몸을 접촉하며 추는 커플댄스와 관련한 음악이 폭증했다는 점이다. 일제강점기에도 커플댄스가 없었던 것은 아니지만 댄스홀이 존재하지 않았으니 그저 카페에서 여급을 상대로 춤추는 정도에 불과했으리라 보인다. 그러나 해방 후 미군이 진주하면서 미국인을 위한 댄스홀이 생겼고, 거기에 한국인이 함께 출입하면서 커플댄스 문화는 불붙듯 확산됐다.

소설《자유부인》의 리메이크 영화 〈자유부인〉(한형모 감독, 1956)에는 이런 장면이 있다. 주인공 30대 주부 오선영(한글학자 장태연 교수의 부인)과 대학 친구인 윤주가 맥주를 곁들이며 중국 요리를 먹으며 나누는 대사다.

> 너나 나나 이젠, 시들어가는 장미야. 이제 남은 건, 어떻게 해서 짧은 인생을 엔조이하느냐가 문제지. 엔조이하려면 악착같이 돈을 벌어야 하거든. 그래서 내가 계를 하나 모을 생각인데, 너 한몫 들지 않을래?

여자대학을 졸업하고 번듯한 직업의 남편까지 있는 한복 차림의 30대 가정주부가 나누는 1950년대의 대화치고는 꽤나 충격적이다. 이 장면은 물욕·성욕 등이 솟구치는 시대의 풍경을 요약적으로 보여준다. 이 말을 한 윤주는 짧은 인생을 '엔조이'하기 위해 돈을 벌려고 밀수에 손을 댔다가 사기를 당한 후 자살한다. 위의 장면에서 윤주의 말을 듣고 "너는 못 하는 말이 없구나!"라며 놀라던 주인공 선영은 학교 동문의 댄스파티에 가기 위해 옆집 대학생 춘호에게 사교춤을 배우고, 국회의원 오빠의 후원자인 한 사장과 파트너가 되어 춤을 추다가 간통 직전에 이르게 된다. 그러나 그 역시 한 사장 부인에게 들통이 나면서 '엔조이'의 삶은 종말을 맞는다.

이 두 인물이 극적 처벌을 받는 보수적인 방향으로 작품은 끝나지만, 영화 대부분은 시종 이들 인물의 화려한 옷과 댄스파티, 춤 교습, 돈보따리를 싸들고 다니는 거래 등을 전시하듯 보여주며 당위적 단죄의 서사를 묘하게 무력화해버린다. 육체적 접촉에만 이르지 않았을 뿐 사실 장태연 교수(주인공 오선영의 남편) 역시 미군부대 타이피스트인 미스박의 하얀 종아리에 매혹돼 시쳇말로 '썸 타는' 데이트를 즐기고 있었기 때문이다. 이 작품만 그런 게 아니다. 화려한 도시 여성의 모습을 보여주는 〈여사장〉(한형모 감독, 1959) 등의 영화, 정비석과 장덕조 등의 수많은 연애·세태 소설에서는 다방·댄스홀을 드나들며 남자를 만나거나 아예 이를 경영하는 여자들이 화려하게 등장한다. 작품의 결말에서는 당위적으로 단죄하지만, 작품의 이면에는 이러한 삶에 대한 매혹이 짙게 깔려 있음을 부인할 수 없다. 도덕적으로 질타는 받을지언정 스스로의 결정으로 자신의 물욕과 성욕을 만족시키며 사는 삶을 매혹적으로 형상화하는 것이다. 한 가지 더 흥미로운 점은 소설《자유부인》에서 춤바람의 주체가 가정주부라는 점이다. 이미 정비석은 1940년대 말부터 사교댄스 붐을 그리고 있었는데, 1950년대 중반에는 그것이 여대생이나 미혼의 직장 여성에 그치지 않고 30대 가정주부 교수 부인에까지 확산했음을 보여준다.

특히 이 시기 작품에서 여성의 욕망 표출이 더 두드러졌다는 것은 주목할 만하다. 앞서 인용한 영화 〈자유부인〉의 윤주와 선영의 대화가, 남자끼리의 대화였다면 그토록 충격적이지 않을 수 있다. 근대 이후 남자는 늘 물욕과 성욕을 드러내고 살았고, 그 성취를 능력으로 여기며 자랑스러워했기 때문이다. 하지만 여자는 그간 욕망의 노출에 소극적이었으니, 1950년대에 나타나는 이러한 변화는 특히 눈길을 끌어 사람들의 입길에 올랐다. 물론 늘 풍속적 타락을 여성의 탓으로 돌리는 남성 중심 사회의 오랜 편견 역시 여성의 욕망 분출에만 관심이 모이는 현상과 무관하지 않다. 이런 경향의 인물을 지칭하는 유행어가 '아프레걸'['전후'를 의미하는 프랑스어 '아프레게르(après-guerre)'에 '걸(girl)'을 결합해 '전후파 여성'을 뜻하는 한국식 신조어], '자유부인' 등 여성에게 국한됐던 것은 그 때문일 것이다.

## 각자도생과 자유주의

1950년대의 이런 현상의 이유로 크게 두 가지를 생각할 수 있다. 하나는 해방 후 급작스럽게 들어온 미국 문화의 영향으로 개인의 물욕·성욕 등을 드러내고 인정하는 태도가 강해진 것이다. 《자유부인》속의 춤바람 난 대학생 춘호가 "이건 제 자윱니다"라는 말을 입에 달고 다니듯, 개인의 자유로운 욕망을 인정하는 것은 '자유민주주의'를 선언한 새로운 시대가 요구하는 태도로 받아들여졌다. 키스와 커플댄스 등 남녀의 신체 접촉, 돈 얘기를 쑥스러워하지 않는 태도 등 미국식 생활방식이 준 영향은 적지 않았다고 보인다. 해방과 분단을 거치며 자유민주주의의 맹주인 미국은 한국인에게 새로운 근대성의 전범으로 받아들여졌고, 대중가요 〈남성 넘버원〉(반야월 작사, 박시춘 작곡, 박경원 노래, 1957)의 가사처럼 영어를 하고 다방을 들락거리고 사교춤 정도는 출 줄 알아야 시대에 뒤떨어지지 않는다는 생각을 하게 된 것이다.

그러나 우리와 크게 다른 미국식 생활방식이 이토록 빠르게 확산된 것에는 내적 원인도 있었다고 봐야 한다. 태평양전쟁으로 사회 전체가 피폐해졌는데 예상치 못한 광복으로 일제강점의 시스템이 급격히 붕괴됐고, 몇 년 후 3년에 걸친 긴 전쟁과 정치적 혼란으로 사회 시스템이 크게 흔들린 것이 그 이유였을 것이다. 분단과 전쟁으로 가문과 가족의 공동체 시스템은 깨졌고, 굳건해 보였던 계층의 벽이 마구 허물어졌다. 만석꾼의 손자도 피난지에서는 생계를 위해 구두닦이나 껌팔이를 마다할 수 없었고, 대학을 다니던 부잣집 딸도 생계를 위해 미군 댄스홀에서 댄서로 일하는 경우가 흔했다. 반대로 이러한 혼란스러운 사회에서 운 좋게 갑부가 되기도 했다. 북한에 거주하다 남하한 사람은 호적마저 사라져 부부와 부모 자식 사이임을 증명할 수 없게 됐다. 피난지에서 일가친척과 이웃의 시선 따위는 존재하지 않았으며, 그들의 도움이나 보호도 받을 수 없는 상황에서 오로지 각자도생의 태도만이 요구됐다.

기존 삶의 방식이 빠르게 붕괴됐다는 것은 한편으로는 성실하고 착하게 살면 지금보다 나아질 수 있다는 기본적인 윤리나 미래에 대한 희망을 상실하게 했고, 다른 한편으로 이는 일제강점기까지 유지되던 전근대적 집단주의 사고방식과 윤리가 붕괴되고 개인주의·자유주의가 빠르게 자리 잡을 수 있는 조건이 마련됐음을 의미한다. 성실하고 착하게 사는 것이 의미 없다고 느낄 정도로 사회의 안정감이 크게 흔들린 상태에서 새로 마구 밀려들어오는 미국 문화가 물욕·성욕을 전면적으로 승인하라고 등을 떠밀어준 셈이다.

## 여자 스스로
### 거래에 나서다

다시 신데렐라 이야기로 돌아와 보자. 물욕·성욕을 솔직하게 인정하게 되어《장한몽》의 심순애처럼 돈·권력을 가진 남자와 결혼하는 것에 죄책감을 느끼는 윤리 의식은 훨씬 옅어졌으니, 신데렐라 이야기는 살아날 수 있을까?

결론부터 말하자면 아직은 시기상조로 보인다. 앞서 설명했듯이 돈과 권력을 가진 남자를 진정으로 사랑하는 여자의 이야기가 많아진 것은 사실이다. 하지만 여전히 그것은 '불륜'으로 설정됐다. 주인공의 애정이 갖는 진정성은 충분히 인정되지만, 그렇게 성욕·물욕을 과감하게 드러내는 현실에 대한 무의식적 불안감이 감지되는 것이다. 무엇보다 이 시대는 '사바사바'와 '빽'이라는 새로운 유행어가 생겨날 정도로 부패가 만연했다. 각자도생을 위해 물불을 가리지 않는 행태가 어쩔 수 없음에도, 마음속으로 비윤리적이거나 심지어 불법적이라는 생각까지 완전히 떨쳐버리지는 못했던 것으로 보인다. 개인이 자유롭게 물욕과 성욕을 드러내고 충족시키면서도, 부패하지 않고 모두 행복하게 살아가는 세상에 대한 전망과 희망은 아직 지니지 못했다는 느낌이 역력하다. 물론 앞서 이야기했듯이, 이 시대가 성욕과 물욕을 드러내면서 죄책감과 부끄러움을 덜 가지게 됐고, 이런 태도 변화에 미국이라는 큰 알리바이가 존재하는 것도 사실이다. 하지만 그런 변화된 세상이 희망적이고 바람직하다 판단되어 죄책감을 덜 갖게 된 것이 아니라, 오히려 죄책감을 오래 마음에 담아둘 수조차 없을 만큼 눈앞의 삶이 너무도 절박한 상태이기 때문이라 보는 것이 옳다.

그러니 이 시대에는 당대 사회의 지배 질서에 대한 승인을 바탕으로 하는 신데렐라 이야기가 아니라, 좀 더 노골적으로 사랑과 돈을 거래하는 양상이 나타났다.

이를 단적으로 보여주는 말이 바로 '패트런'이다. 1950년대 말에는 패트런이란 말이 희한한 의미로 쓰이던 때였다. 장덕조의 소설 《격랑》(1958)은 '패트런 현상', 즉 미모·젊음을 가진 여자와 돈·권력으로 이를 후원하는 남자의 조합이 유행처럼 번지는 현상에 주목한다. 요즘의 '원조교제'처럼 노골적인 성매매는 아닐지라도 꽤나 찜찜한 조합이 아닐 수 없다.

어느 세상에나 정략결혼·매매혼·성매매 등 돈·권력과 사랑·성을 거래하고 교환하는 행태는 늘 있었다. 하지만 대중예술 작품에서 주요 인물이(말하자면 부정적 인물이 아닌, 수용자가 감정이입을 하도록 설정된 주요 인물이) 이토록 사랑·성과 돈의 거래를 아무렇지도 않게 받아들이는 상황이 나타난 것은 처음이다. 물욕·성욕을 솔직히 받아들인 변화가 돈·

권력과 사랑·성의 거래를 노골화하는 방식으로 나타난 것이다.

팜파탈(femme fatale) 캐릭터만 이런 것이 아니다. 착하고 윤리적인 여성 인물도 이렇게 설정되는 경우가 많다는 점은 주목할 만하다. 장덕조 소설 속의 여주인공은 작곡가, 미장학원 원장, 야학을 운영하는 여대생 등으로 그 나름의 사회적 활동을 하고 있다. 그러나 그들은 사회적 활동을 하기 위해 필요한 돈을 스스로 충분히 조달하지 못한다. 그들의 어려움을 덜어주는 것은 돈과 사회적 지위를 지닌 남자다. 그 패트런 남자는 지속적으로 주인공 여자를 도와주는데, 흥미로운 것은 종종 여자가 패트런 남자에게 도움을 요청하기도 한다는 점이다. 남자가 알아서 여자의 생활비를 대주기도 하지만, 종종 여자가 남자에게 돈을 빌려달라거나 사회적 지위가 필요한 문제에 도움을 청하기도 한다.

정비석의 소설은 한술 더 뜨는 형국이다. 여주인공이 자신에게 호감을 갖고 있는 듯한 남자에게 돈을 빌리거나 지인의 취직자리를 부탁하는 설정이 흔한데, 심지어 자신이 별로 좋아하지 않는 남자에게까지 그런 요청을 한다. 자신은 별로 그 남자를 좋아하지 않으며 게다가 마음에 둔 남자는 따로 있는데도 자신에게 도움을 줄 듯한 남자가 요청하면 크게 마다하지 않고 기꺼이 밥을 얻어먹고 담소를 나누며 댄스 파트너가 되어준다. 그리고 돈을 빌려 다방을 개업하고(《인생여정》), 심지어 자신의 애인을 취직시키기도 한다(《여성의 적》). 한편 영화 〈자매의 화원〉(신상옥 감독, 1959)에서도 집안의 몰락으로 곤경에 처한 여주인공에게 중년의 남자 사업가가 음식점 운영을 맡긴다.

이는 《장한몽》이나 《쌍옥루》에서처럼 부모의 결정으로 이루어지는 것이 아니다. 여성 인물이 자신의 필요에 따라 스스로 결정하고 움직인다. 즉 사랑과 돈의 거래 주체로 나서는 것이다. 그런데 그에 대해 이들은 그리 큰 자괴감을 갖지 않는다. 심지어 장덕조의 소설에서는 사랑의 크기와 경제적 후원의 크기가 비례한다고 솔직하게 인정한다. 자신이 싫어하는 남자에게 돈 때문에 애정이 있는 척하는 것은 비윤리적이지만, 진정으로 사랑하는 사이라면 충분히 경제적 도움을 받을 수 있으며, 경제적 도움이 크다는 것은 그만큼 애정의 크기가 크다는 것을 의미한다는 것이다.¹ 별로 호감도 없는 남자와의 만남을 거절하지 않으면서 적절한 기회에 돈을 빌리는 여성을 흔히 등장시키는 정비석은 작품의 여러 곳에서 모든 현대 여성이 매춘부 기질을 갖고 있다고까지 이야기한다. 그러나 이런 인물을 모두 부정적으로 느껴지도록 그리는 것도 아니다. 오히려 똑똑하고 현명하며 사회적 수완이 있는 매력 있는 현대 여성으로 그리는 경우도 적지 않다.

## 자유부인과 아프레걸과

### 패트런

분명 이 시대에 나타난 개인의 성욕·물욕에 대한 솔직한 인정은 자본주의적 근대 세상에 대해 더 이상 필요 이상으로 불편해하지 않고 조금씩 적응해 나가기 시작했음을 의미한다. 어찌 보면 여성 인물이 스스로 나서서 패트런을 만나는 행태도 이런 적응의 한 양태일 수 있다. 1950년대 작품 속의 패트런 현상은 아직도 돈과 권력을 얻기 위해 자신이 원하지 않는 연애·결혼을 감행하는 일이 만연한 세상임을 보여준다. 돈과 권력의 필요성이 더 커져서 그런 거래에 대한 자괴감이 덜할 뿐이다. 즉 진정으로 원하는 연애·결혼을 선택해도 행복하게 계층 상승까지 성공하는 신데렐라 이야기의 세계와는 여전히 큰 괴리가 있다. 충격적일 정도로 미국식 자유주의가 판을 치는 세상이라지만, 진정성 있는 사랑과 결혼을 선택해도 굶어죽지 않고 행복하며 편안한 미래가 보장될 것이라는 안정감은 보이지 않는 것이다.

　이쯤 되면 이 시대의 자유주의의 한계가 감지된다. 물욕과 성욕을 승인했다 하더라도 그것이 곧바로 충분히 충족되어 행복해지는 것은 아니다. 그러기 위해서는 그 사회의 물적 기반이 풍족해야 하며, 자신의 욕망 실현을 위한 자유로운 행동이 타인의 자유와 권리를 해치지 않으며 인간 모두가 최소한의 인권을 누리고 살 수 있는 법과 제도, 윤리가 제대로 가동되어야 한다. 그러나 아직 1950년대는 그런 세상이 아니었다. 낡은 옛 시스템과 윤리는 급격히 몰락했으나, 그로 인해 고삐가 풀려버린 욕망을 해결하기 위한 경제적 토대는 너무나 허약했다. 기아와 실직이 만연했고 당장 내일의 생계를 걱정하는 일이 일상이었다. 이런 상황에서 자신의 욕망을 충족시키는 일은 흔히 타인을 속이거나 탈법적 행동을 감행하는 방식으로 드러나기 십상이다. 그렇게라도 해야 굶지 않는 세상에서 이런 행동에 부끄러움이나 죄책감은 약화되고 미국식 자유주의의 껍데기가 그 알리바이가 됐다. '구직'이라는 글자를 써 붙인 청년이 길거리에 기대어 서 있고, 아이들은 폭격 맞은 집 한구석에서 타다 만 이불 쪼가리로 추위를 견디던 시기에, 그래

정비석의 소설을 1956년 리메이크한 영화 〈자유부인〉(한형모 감독)의 스틸
사진. 사진 속 인물은 주인공 오선영의 대학 친구인 윤주(노경희 분)로,
인생은 '엔조이'하는 것이며, 그러기 위해서는 돈이 필요하다고 말한다.
한국영상자료원 소장

영화 〈자유부인〉의 스틸 사진.
대학교수 부인인 선영(김정림
분)은 옆집 대학생 춘호(이민
분)에게 사교춤을 배워
댄스홀에 드나들게 된다.
한국영상자료원 소장

서 더욱 그악스럽고 노골화된 물욕·성욕은 '사바사바'와 '빽'을 동원하고 사기 치고 '갑질'을 해서라도 이를 채우고야 말겠다는 인간을 만들어내고 있었다.

패트런 역시 이런 사회적 상황과 연결 지어 이해할 수 있다. 아버지·남편의 돈과 권력에 의지해 가정 내에서 노동만 하며 살아오던 여자는 전쟁 등의 사회적 격변을 겪으며 가정 바깥으로 밀려 나오게 됐다. 생계를 위해서건 고삐 풀린 욕망을 해결하기 위해서건 사회적 활동으로 돈을 벌어야 했지만, 이런 일에는 돈과 권력, 사회적 인맥 등이 필요했다. 그리고 이에 대한 가장 손쉬운 해결책은 남자 후원자, 즉 패트런이었다. 그 남자를 사랑하건 안 하건 간에, 어쨌든 사회적 활동을 하려는 여자에겐 패트런이 필요했던 것이다.

이 시대의 작품에서 여주인공을 사랑하며 돈을 대주는 남자는 패트런이지 신데렐라 이야기의 왕자가 아니다. 신데렐라는 자신의 미모와 선함을 스스로 거래하는 인물이 아니기 때문이다. 아직 신데렐라 이야기의 시대는 오지 않았다.

# 신데렐라맨의 시대:
## 사랑과 야망을 한꺼번에

⟨초우⟩, ⟨맨발의 청춘⟩ 속
### 남자 신데렐라

⟨초우⟩(정진우 감독, 1966)라는 영화를 아는가? 박춘석이 작곡하고 패티 김이 불러 크게 인기를 모은 대중가요 ⟨초우⟩가 이 영화의 주제가다. 프랑스 영화 ⟨쉘부르의 우산⟩(1964)의 영향을 받은 것이 분명해 보이는, 우산의 부감(俯瞰) 샷으로 기억되는 영화이기도 하다. 당시 프랑스 영화에 대해 우리나라 사람들은 할리우드 영화와는 차별화된 고급하고 예술적인 영화라는 인상을 갖고 있었으니, ⟨쉘부르의 우산⟩을 연상하게 하는 것만으로도 이 영화는 좋은 평가를 받았다. 주제가 ⟨초우⟩도 전주 부분에 당시로서는 아주 드물게 하프 연주를 넣어 아주 고급스러운 느낌을 풍긴다.

여주인공은 프랑스에 근무하는 대사의 한국 집 가정부(문희 분)다.

대사의 딸은 외교관 아버지가 프랑스에서 보내준 고급스러운 물건이 너무 많아, 그중 코트와 우산을 가정부에게 준다. 가정부는 그 우산을 들고 나갈 생각에 비 오기만을 기다리고, 비 오는 어느 날 프랑스제 코트에 우산을 들고 명동에 나간다. 그리고 젊은이들의 댄스파티가 한창인 곳에 우연히 발을 들여놓는다. 남자들의 관심을 한 몸에 받은 가정부는 멋진 외제 차를 몰고 다니는 남자(신성일 분)를 만나 서로 사랑에 빠진다. 그리고 엉겁결에 프랑스 대사의 딸인 척해버린다. 이렇게 전개되는 영화 초반부는 영락없는 신데렐라 이야기의 변형이다.

그런데 이 여자는 신데렐라가 되는 데 실패한다. 사장 아들이라던 남자가 실은 카센터 정비공인 삼류 대학 고학생이기 때문이다. 그는 손님이 맡긴 외제 차를 슬쩍 몰고 나와 파티에서 부잣집 젊은이들과 어울려 노는 게 취미였다. 그러니 그는 우연히 명동에서 부잣집 딸을 만나 부잣집 사위가 될 수도 있었던 '남자 신데렐라', 즉 '신데렐라맨'이었던 셈이다.

영화를 꼼꼼히 보면 신데렐라맨의 중요성은 더 크게 느껴진다. 영화의 시작과 끝은 여주인공이 차지하지만, 정작 행동·심리의 개연성이 착실하게 구축된 쪽은 남자주인공이다. 여주인공은 가정부치고는 지나치게 한가하고 주인집 식구와의 부대낌도 없어 개연성이 매우 떨어진다. 그가 일하는 공간도 멋진 2층 양옥집과 잔디가 깔린 정원이니, 대사 부인과 딸만 없으면 그곳에서 하늘을 향해 활짝 웃는 그가 마치 주인집 딸처럼 유복해 보이기까지 한다. 그에 비해 남자주인공의 현실은 한눈에 보기에도 구차하다. 일을 게을리하고 외출이 잦으니 정비소

주인에게 늘 닦달을 당한다. '조각 미남' 같은 외모 덕에 돈 많은 여자와 사귀고 동침도 하지만 그 여자들에게 용돈을 얻어 쓰는 구차한 삶이다. 그러면서 이렇게 구차하게 살 수 없다는 야망까지 갖고 있다. 여주인공보다 훨씬 입체적으로 잘 형상화되어 있는 셈이다. 창작자의 의도가 어땠는지는 몰라도, 이 영화는 확실히 신데렐라맨의 이야기로 읽어야 더 그럴듯하다.

그런데 더 주목할 점은 이런 신데렐라맨이 1960년대 대중예술에 넘쳐난다는 사실이다. 이는 꽤 흥미로운 대목이다.

1990년대 이후 TV드라마의 신데렐라 이야기는 가난한 저학력의 여자가 대기업 후계자와 연애하는 이야기지만, 1960년대의 대중예술에서는 성이 뒤집혀 있다. 가난한 남자가 부잣집 딸과 연애·결혼하는 설정이 대세를 이룬다. 이 시기 영화계의 가장 새로운 흐름을 대표하는 '청춘영화'는 대부분 이런 구도다. '청춘영화'라는 흐름을 만들어낸 대표작 〈맨발의 청춘〉(김기덕 감독, 1964)에서 남자주인공 두수(신성일 분)는 가난한 고아 청년으로 밀수꾼 폭력조직의 말단 심부름꾼이고, 여자주인공은 외교관의 딸인 대학생 요안나(엄앵란 분)다. 최희준이 부른 주제가 〈맨발의 청춘〉(유호 작사, 이봉조 작곡)의 인상적인 가사가 말해주듯 두수는 "눈물도 한숨도 나 혼자 씹어 삼키며 밤거리에 뒷골목을 헤매고 다"니는 '거리의 자식'이다. 〈맨발의 청춘〉 성공 이후 같은 감독과 같은 주연 배우가 만든 〈떠날 때는 말없이〉(김기덕 감독, 1964, 동아방송 라디오드라마 리메이크)에서도 남자주인공은 공장에서 일하며 외무고시를 준비하는 가난한 젊은이이고, 여주인공은 그 회사 사장의 딸이다. 이런 청춘영화는 몇 년 동안 인기를 누리다가 수그러드는데, 불륜·미혼모· 혼외자 소재의 영화로 인기 경향이 기울던 1968년에도 명동 주먹패 출신의 가난한 드러머(신성일 분)와 그를 매니지먼트 하는 부잣집 딸(윤 정희 분)의 사랑을 다룬 〈폭풍의 사나이〉(박종호 감독) 같은 작품이 나온 것을 보면 1960년대 중후반 화려하게 꽃피었던 경향임을 알 수 있다.

이 시대 신데렐라맨의 이야기에서는 두 가지 점에 주목할 만하다. 첫째는 20세기 전반기 내내 우리나라에서는 힘을 쓰지 못했던 신데렐 라 이야기가 드디어 1960년대에 인기 경향이 됐다는 점, 둘째는 그 신 데렐라가 주로 남자라는 점이다. 하나씩 짚어보자.

### 신데렐라 이야기가
### 왜 1960년대에?

첫째로 주목할 것은 20세기 전반기 내내 힘을 쓰지 못했던 신데렐라 이야기가 드디어 1960년대에 부상했다는 점이다. 1960년대 중반의 청춘영화가 보여주는 형상은《장한몽》같은 신파적 작품과는 다르다. 주인공은 사랑의 진정성도 없이, 심지어 사랑했던 정혼자를 배신하면 서 돈·권력을 가진 사람과 결혼해버리는 심순애와 다르다. 청춘영화 속 주인공은 현격한 빈부 차이에도 죽음을 불사할 정도의 사랑을 한 다. 주인공에게 애인이 부자라는 것은 사랑의 전제 조건이 아니다. 신 파적 주인공과 달리 그들은 사랑만으로 행복하며 행복한 결혼을 꿈 꾼다(심지어 남녀 모두 거짓말로 출발한 〈초우〉에서조차 진심 어린 행복한 사랑 이 느껴진다). 부자를 선택하기 위해 진정으로 사랑하는 애인을 배신하는 것도 아니다. 그런 점에서 청춘영화의 서사는 (종종 실패할지라도) 행복한 연애·결혼과 계층 상승을 동시에 성취하고자 하는 이야기이며, 그래서 기본 바탕에 신데렐라 이야기가 자리하고 있다. 영화 〈맨발의 청춘〉에서 사랑에만 의지한 채 도망치다 동반 자살한 '거리의 자식'과 '외교관 딸'의 시신을 검시한 의사가 기자들의 질문에 "둘은 순결했습니다!"라고 말하는데(요즘 젊은이들은 이 대목에서 박장대소한다), 이는 두 수가 돈과 성욕이 아닌 진정한 사랑을 원했음을 간명하게 드러낸 대사다.

신데렐라의 부활이 의미하는 것은 무엇일까? 왜 1960년대에 이런 현상이 나타났을까? 단순화해서 말하면 신파적 작품에서처럼 부자·권력자와 결혼하는 것을 '죄'라고 여기는 사고에서 대중이 벗어나기 시작했다는 의미다. 즉 1960년대에 이르러 이제 드디어 사람들은 돈 벌고 계층 상승을 하는 것에 대한 죄의식과 피해의식이 엉킨 심리상태를 어느 정도 떨쳐버리기 시작했다는 뜻이다. 1950년대에는 물욕과 성욕이 인간에게 당연한 것임을 승인하긴 했지만 여전히 그 약육강식의 강퍅한 세상에 대한 불안감을 불륜과 유사 성매매가 뒤엉킨 막장 드라마 같은 서사로 보여주었다. 1960년대 신데렐라 이야기의 유행은 1960년대에 들어서서 이러한 불안감이 상당히 극복됐다는 징후다. 돈·권력과 사랑·진정성·윤리 등의 정신적 가치가 행복하게 양립할 수 있다는 생각, 이 세상에서 돈 많이 벌어 잘살아 보려는 대중의 태도가 허망하거나 부도덕한 것이 아니라는 생각이 생긴 시대인 것이다. 자신들의 삶이 좀 더 부유하고 행복해질 수 있고, 그렇게 살아도 죄가 아니라는 생각이 들 만큼 자본주의 세상에 대한 대중의 태도가 희망적으로 바뀌었음을 의미한다. 여기서 '희망적으로 바뀌었다는 것'이 1960년대의 사회가 대중의 행복을 보장하는 바람직한 사회였다는 의미는 아니다. 객관적 사회 상황이 그랬던 것이 아니라, 당시 대중이 지녔던 마음과 태도가 그랬다는 뜻이다. 즉 1960년대 대중이 세상에 대해 가졌던 마음과 태도가 희망적이었다는 뜻이다.

1960년대의 이러한 희망적 태도는 영화만이 아니라 다른 분야의 대중예술에서도 발견된다. 이런 태도를 대표하는 노래 〈잘살아 보세〉 (한운사 작사, 김희조 작곡, 1962)는 5·16 1주년 기념식을 위해 주문 제작으로 만들어진 작품이긴 하지만 오랫동안 널리 불렸다. 또 관의 개입이 이루어지지 않은 당대의 인기 대중가요에서조차 '잘살아 보세'의 희망이 넘쳐나는 것을 확인하는 것은 그리 어려운 일이 아니다. "빙글빙글 도는 의자 회전의자에/ 임자가 따로 있나 앉으면 주인인데", "아아아 억울하면 출세하라 출세를 하라"(〈회전의자〉, 신봉승 작사, 하기송 작곡, 김용만 노래, 1965) 같은 노래가 인기를 모으던 시대가 1960년대였다. 이 노래는 동명의 라디오드라마와 리메이크 영화의 주제가다. 이 작품은 과도하게 출세에 집착하며 애인까지 버리려 한 주인공의 개과천선이라는 도덕적 당위로 결말을 맺고 있기는 하지만, 말단 외판원이던 주인공이 회사 상무로까지 진급하는 과정을 섬세하게 보여주며, 이런 젊은이의 출세 가능성을 실감하게 한다. 노래 〈회전의자〉는 더욱 그렇다. '억울하면 출세하라'는 일갈이 과도하게 느껴지기도 하지만, 다른 한편 이 말에 내면으로 수긍하며 '회전의자의 임자가 따로 있나', '나도 출세할 수 있다'는 자신만만한 태도가 감지된다. 이 노래가 그토록 인기를 누린 것은 당시 수용자가 이런 계층 상승의 가능성과 자신만만한 태도에 크게 공감했음을 의미한다. 만약 계층 상승의 사다리가 끊어졌다는 진단이 나오는 2020년대에 이 노래가 나왔다면 어땠을까 상상해 보라. '누가 출세하고 싶지 않아 안 하는 줄 알아?'라는 반감이 우세했을 것이다.

이 노래뿐이랴. 김상국의 〈쥐구멍에도 볕 들 날 있다〉(전우 작사, 김인배 작곡, 1965), 최희준의 〈나는 곰이다〉(추식 작사, 이봉조 작곡, 1970) 같은 노래 모두 가진 것 없는 남자의 성공의 꿈을 노래하여 인기를 모았다. 계층 상승의 희망이 이 시대의 대세였다는 의미. 계층 상승이 노골적으로 드러난 작품만이 아니다. 최희준의 초기 히트곡 〈내 사랑 쥬리안〉(손석우 작사 작곡, 1962)에서는 애인과 함께 있으면 '행복이 초만원'이라 노래함으로써 1950년대까지 인기를 누리던 신파적 트로트 곡과의 확연한 차이를 드러낸다. 역시 영화 주제가인 〈아빠의 청춘〉(반야월 작사, 손목인 작곡, 1966)에서는 화자가 노인임에도 아직 청춘이 남아 있다며 희망과 행복을 노래한다. 즉 청춘영화로 나타난 1960년대 신데렐라 이야기의 인기는 1960년대 대중이 널리 지니고 있던 '나도 머지않은 미래엔 풍족한 삶을 누리며 행복하게 잘살 수 있다'는 희망의 태도와 연관 지어 이해되어야 한다.

앞서 이야기했듯이 이 시대의 대중이 실제로 부유하고 행복하게 잘살고 있어서 이런 태도를 지닌 것은 아닐 것이다. 하지만 전쟁이 끝난 지 10년이 되고 시민혁명의 성공과 경제개발을 내세운 정권의 출현, 경제개발 5개년 계획의 추진, 산업화와 도시화의 급격한 진전 등 사회 상황이 대중을 고무했을 가능성이 높다. 자신에게도 계층 상승 기회가 있다고 느끼는 사람이 늘어나면서 이를 가능하게 하는 자본주의적 근대 세상이 그다지 부도덕하게만 느껴지지는 않게 됐을 것이다.

물론 1970~1980년대에 비해 1960년대에 뚜렷한 경제발전의 결과가 나타났다고 할 수는 없다. 하지만 오히려 그렇기 때문에 희망적일 수 있었을 것이다. 1970년대부터는 산업화와 도시화 등이 야기하는 노동문제, 도시 주거문제, 환경문제 그리고 정부 주도의 급격한 경제개발과 동반한 정치적 갈등 등이 터져 나오게 되는데, 오히려 1960년대는 자본주의 발전, 산업화·도시화가 어떤 부작용을 초래할지 알지 못한 채 오로지 그 달콤한 결과만을 상상하던 순진한 시절이었다고 볼 수 있다. 신데렐라 이야기의 인기는 이런 사회적 상황에서 나타난 것이다.

## 왜 신데렐라가 아니라
## 신데렐라맨일까

두 번째 주목할 만한 지점은 이들 주인공이 모두 '남자'라는 점이다. 이는 이 시대 계층 상승의 희망을 남자가 주도하는 것이었음을 의미한다. 여자는 남자를 도와주거나 남편을 따라 계층 상승을 하는 것일 뿐, 여자가 그 계층 상승의 제1주인공은 아니라는 생각이 지배적이었다.

이는 당시 사회 상황을 생각해보면 충분히 납득할 만하다. 성실, 노력, 운 등이 맞물리며 돈을 벌고 계층 상승을 할 수 있었던 사람은 일차적으로 남자였다. 1950년대의 소설과 영화에서 보듯 젊은 여자에게도 부유하고 행복하게 살고 싶은 욕망이 솟구치고 있기는 했지만, 그 기회는 좀처럼 주어지지 않았다. 여자의 사회적 경제활동이 늘어나긴 했지만 여전히 제한적이었고 가사노동과 사회적 노동이라는 남녀의 성역할 분담 문화는 크게 달라지지 않았다. 게다가 1960년대 들어서서 현모양처 이데올로기가 새롭게 자리 잡으면서 1950년대에 솟아오른 여자의 계층 상승 욕망은 남편을 통해 실현되는 방식으로 재조정되며 수그러들었다.

여기까지만 보면 결혼을 통한 계층 상승 욕망이라는 점에서 여자의 신데렐라 이야기가 공감을 얻을 법도 하다. 그러나 문제는 결혼과 가정이었다. 가난한 여자가 부자 남편과 가정을 이루면 부자로 살 수는 있었을 것이다. 하지만 사회적 노동의 근대화 속도에 비해 가정은 여전히 전근대적 요소가 온존했다. 가사노동을 전담하며 시부모를 봉양해야 하는 것은 물론, 혈연·지연의 네트워크에서 오는 억압은 여전히 강력했다. 결혼과 함께 이런 가정의 일원이 된 여자를 '행복한 신데렐라'라고 할 수 있을까? 오히려 시부모를 봉양하고 자녀를 양육하며 온갖 집안의 대소사를 일상으로 안고 사는 '인고의 맏며느리'가 된 것이라고 보는 게 현실적이다. '콩쥐팥쥐 설화'의 시대라면 이런 부잣집 맏며느리의 위상에 불만이 없을 수 있다. 그러나 이미 세상은 변했고 결정적으로 전쟁을 겪으며 혈연·지연 공동체의 일시적 해체로 인해 개인으로 살아본 경험까지 갖게 됐다. 학력이 높아진 도시 여자는 '자유'라는 근대의 이상이 실현되어야 한다고 생각하게 됐고, 심지어 앞에서 살펴보았듯이 스스로 물욕·성욕을 드러내며 '엔조이하는' 인생을 꿈꾸어보기까지 한 후였다. 이런 상황에서 여자는 부자 남자와 결혼한다 해도 그 남자를 둘러싼 가족 등 인간관계가 여전히 전근대적이라면 행복한 신데렐라가 되기 힘들다. 그렇다고 여자 스스로 사회적 성공을 통해 계층 상승을 하기란 더욱 힘들다.

남자는 달랐다. 경제가 성장하면서 자본주의 사회에서 계층 상승이 가능하다고 믿게 된 세상이었고, 가족 등 사적 관계에 여전히 전근대적 요소가 온존해 있다고 할지라도 사회적 노동의 공간에서 주인공은 남자였다. 한마디로 남자가 희망을 가질 만한 시대였던 셈이다.

흥미로운 것은 1960년대 대중예술사에서 희망을 가지는 젊은 남성 인물이 조금씩 변화한다는 점이다. 1960년대 초에는 스스로의 능력과 노력으로 성공에 이르는 인물이 가장 먼저 주목받았다. 이른바 '김승호 영화' 속에 배치된 능력 있는 장남 캐릭터가 그런 인물이다. 현실 속에서도 충분히 성공적인 계층 상승을 할 만한 인물형이며, 능력과 도덕성을 갖춘 인물이 성공하는 것은 그야말로 사필귀정이다. 하지만 대중의 복잡한 욕망을 대리 충족해주는 대중예술에서 이렇게 사필귀정의 서사만 인기를 끌 수는 없다. 윤리적이며 능력과 의지까지 갖춘 인물에 동일시할 수 없었던 수많은 대중의 마음은 돈도 '빽'도 학력도 능력도 없지만 오로지 뜨거운 마음 하나만으로 성공하는 캐릭터를 원할 수 있기 때문이다. 진정성 있는 연애와 결혼으로 계층 상승에 성공하는 이야기, 즉 신데렐라 이야기는 이런 대중의 욕망과 부합한다. 1960년대 초에 불어넣어진 '잘살아 보세'의 의지와 긴장감이 다소 풀리기 시작한 1960년대 중반에 이르러 '빽'도 능력도 없지만, 그럼에도 오로지 사랑의 힘으로 계층 상승에 성공한다는 이야기가 인기를 끌게 되는 것은 어찌 보면 당연한 순서다. 그리고 그 주인공은 그나마 남자였다. 여자는 아직 신데렐라의 희망조차 가지기 쉽지 않은 세상이었던 것이다. 즉 이 시대는 신데렐라맨의 시대였던 셈이다.

## 신성일 그리고 신영균

이 시대의 신데렐라맨 이미지를 대표하는 배우는 신성일이다. 1960년에 등단한 신성일의 전성시대는 영화 〈아낌없이 주련다〉(유현목 감독, 1962)를 거쳐 〈맨발의 청춘〉으로 활짝 열리게 된다. 그런데 신성일의 전성시대가 열리기 직전 1960년대를 대표하는 또 한 명의 남자 빅 스타가 이미 탄생해 있었다. 바로 신영균이다. 신영균과 신성일은 1960년대 한국 영화 남자 배우로서는 양대 봉우리라고 할 만하다. 이 둘은 1960년대를 쥐락펴락한 대스타라는 점에서는 공통적이지만, 매우 대조적인 이미지를 지녔다. 신영균은 영화 〈마부〉(강대진 감독, 1961), 〈쌀〉(신상옥 감독, 1963), 〈신입사원 미스터 리〉(김기덕 감독, 1962) 등에서 기울어가는 집안·회사를 다시 세울 것 같은 듬직한 장남의 이미지를 보여주었다. 늙은 아버지 김승호가 더 이상 제대로 이끌어가지 못하는 가족의 위기를 너끈히 극복할 만한 '집안의 기둥' 장남 말이다. 지금의 감각으로는 지나치게 뚱뚱하다 싶은 체구도, 이런 듬직한 이미지를 구축하는 데는 아주 좋은 조건이었다. 영화 〈빨간 마후라〉(신상옥 감독, 1964)에서는 부하들에게는 엄하면서도 자상한 상관으로 결국 하늘에서 산

이른바 '청춘영화' 붐을 일으킨 영화 〈맨발의 청춘〉(김기덕 감독, 1964)의 한 장면. 한껏 빼입은 '거리의 자식' 두수(신성일 분)와 가죽 모자까지 쓴 세련된 패션의 외교관 딸 요안나(엄앵란 분)의 데이트 장면으로 서울시청 앞에서 촬영됐다. 한국영상자료원 소장

화하는 책임감 넘치는 군인이고, 〈신입사원 미스터 리〉에서는 회사의 내부 비리를 파헤치는 정의롭고 뚝심 있는 신입사원이며, 〈쌀〉에서는 산에 굴을 뚫어 농수를 확보하는 무지막지한 일을 기어이 해내는 성실한 인물이다. 라디오드라마 〈회전의자〉(이형표 감독, 1966)가 영화화됐을 때 '회전의자'를 향해 달리는 주인공도 신영균의 몫이었다. 즉 신영균은 '잘살아 보세'를 외치며 재건과 산업화를 추진하던 1960년대에 가장 잘 어울리는 중심인물의 이미지를 구현한다.

그에 비해 신성일은 신영균처럼 건전한 이미지가 아니다. 제임스 딘이나 알랭 들롱처럼 불안한 영혼의 눈빛을 지니고, 불의와 굴욕을 참지 못해 충동적으로 주먹을 휘두르는 '거리의 자식' 이미지다. 왕, 장군, 장남, 듬직한 남편 등을 도맡은 신영균과 달리, 신성일이 맡은 수많은 역할은 요약하자면 딱 하나, 삐딱하고 가난한 젊은 애인이다.

하지만 돈도 스펙도 없고 삐딱하기까지 한 이런 남자가 대중예술 속에서는 강렬한 감정적 호소력을 발휘하며 부잣집 딸과 뜨거운 연애를 하는 멋진 남성으로 형상화되기 마련이다. 그 연애가 종종 결혼으로 귀결되면서 계층 상승까지 성공한 남자가 되기도 하고, 또 비록 성공적인 결혼으로 귀결되지 못할지라도 부잣집 딸과의 열렬한 연애만으로도 그는 계층 상승의 이미지를 갖게 된다. 1960년대 영화의 신데렐라맨은 바로 신성일의 이미지 그 자체다.

혁명과 정변으로 희망이 한껏 부추겨진 1960년대 초는 남다른 의지와 능력을 갖춘 신영균 캐릭터가 돋보이는 시기였다. 그에 비해 박정희 정권의 민정이 본격화되고 대중과 정권의 허니문 기간이 끝난

1964년 즈음부터 드디어 신성일의 시대가 열린다. 대중은 우직한 노력으로 계층 상승하는 신영균 이미지보다는 달콤한 연애와 계층 상승 가능성을 한꺼번에 거머쥐는 신성일 이미지에 더 크게 호응했다.

그러나 어느 쪽이든 의지와 야망을 가진 젊은 남자라는 점에서 공통적이다. 그리고 그 의지와 야망의 젊은 남자야말로 1960년대라는 시대에 대중이 가진 희망의 다른 이름이었다.

# 결혼과 가족은
# 또 다른 전쟁터

## 1960년대 대중소설의
## 젠더 분화

1960년대 대중소설의 지형은 꽤나 흥미롭다. 인기몰이를 하는 대중소설을 중심으로 대략적인 경향을 말하면, 남성 작가의 대중소설에서 당대를 배경으로 한 연애소설이 사라진 반면, 연애·결혼 이야기는 여성 작가의 전유물처럼 됐다고 요약할 수 있다.

곰곰 생각해보자. 1950년대 대중소설계의 '빅 3'라 할 만한 작가는 정비석, 김내성, 박계주로 1920년 전후 출생한 남성 작가다. 이와 함께 여성 작가인 장덕조, 연배가 조금 아래인 남성 작가 최인욱 정도를 더 꼽을 수 있을 것이다. 이들 모두 1950년대에는 당대 청춘남녀의 연애나 결혼 등을 소재로 한 연애·세태 소설을 써서 큰 인기를 얻었다. 그런데 1960년대에 들어서면 이들의 인기가 어느 정도는 꾸준히 이어지지만, 인기작의 경향은 변화한다. 당대 배경의 연애·세태 소설에서 한 걸음 물러나 주로 역사소설로 인기를 유지하는 경향이 뚜렷하다. 1950년대 후반과 1960년대 초에 타계한 김내성과 박계주는 열외로 치자. 1950년대에 연애·세태 소설을 엄청나게 양산하던 정비석은 1960년대에도 몇 편의 연애·세태 소설을 내놓았지만 인기가 예전 같지 않았다. 오히려《연산군》(1956) 등 이미 1950년대에 시작했던 역사소설 쪽으로 방향을 틀었고,《삼국지》(1968)를 거쳐 1974년부터 시작된《명기열전》의 긴 연재로 넘어가게 된다고 할 수 있다. 장덕조 역시 1950년대에 이미 좋은 평가를 받았던 역사소설《광풍》(1954)에 뒤이어 1960년대에는 더 많은 역사소설을 내며 인기를 이어갔으며,《임꺽정》(1962)을 대표작으로 내놓은 최인욱도 마찬가지다.

그러면 1960년대에 새롭게 인기를 얻은 남성 작가들의 장편소설은 어떨까? 1950년대와는 달리 당대를 배경으로 한 연애·세태 소설이 아니다. 동아일보사의 월간지《신동아》가 1964년 속간되면서 연재를 시작하여 폭발적인 인기를 얻은 유주현의《조선총독부》(신태양사, 1967)와《조선일보》연재소설《대원군》(삼성출판사, 1966)이 대표적인 예다. 두 편 모두 과거의 역사, 사회·정치적 소재인데, 1950년대에 인기를 얻었던 선배 대중소설 작가의 역사소설과 달리 근현대사를 소재로 했다는 점이 주목할 만하다. 이는 1963년 동아방송이 개국하면서 시작된 다큐드라마 〈여명 80년〉(김경옥 극본)이 큰 인기를 모으며 동양방송의 〈광복 20년〉(이영신·김교식 극본) 등의 제작으로 이어진 것과 함께 눈여겨보아야 한다. 즉 이 시기는 근현대사 소재의 다큐드라마·실록소설 등의 붐이 일어나는 시기였는데, 유주현의 대하소설 인기는 그 한복판에 놓인 것이었다.

전근대 소재의 역사소설이든 근현대 소재의 역사소설이든, 어쨌든 이 시대 남성 작가의 인기 대중소설은 역사와 정치·사회 소재로 기울어져 있었음이 확인된다. 1960년대는 대중예술사에서 우리 역사를 소재로 한 작품이 폭증하는 시대였으니[2] 그리 이상하다고 할 만한 일은 아니다. 하지만 1950년대 남성 작가의 인기 대중소설이 주로 당대 청춘남녀의 연애와 결혼을 둘러싼 이야기였음을 생각하면 큰 기조가 변화한 것은 분명하다.

그렇다고 해서 이 시대에 연애와 결혼 이야기를 다룬 대중소설이 인기를 누리지 못한 것은 아니다. 베스트셀러 목록에는 여전히 연애나 결혼, 가정사를 다룬 작품이 꾸준히 오르내린다. 단 이 시대의 그것은 남성 작가가 아닌 여성 작가의 작품이거나, 《가정교사》, 《청춘교실》, 《빙점》 등 일본 소설이었다는 점이 특이하다. 이와 함께 인기를 누린 작가는 박계형, 정연희, 전병순 등 여성 작가다. 특히 여대생 소설가로 이름을 날린 박계형의 《머무르고 싶었던 순간들》은 1970년대까지 오랫동안 여성 청소년의 필독서로 꼽힌 스테디셀러였다.

요컨대 대중소설 영역에서 '남자는 정치나 사회, 여자는 연애와 결혼'이라는 젠더 분화가 나타난다고 할 수 있다. 이러한 젠더 분화 현상은 1970년대에 최인호, 조해일, 박범신 등 연애 이야기를 다룬 새로운 취향의 대중소설이 나타나기 전까지 지속된다.

앞에서 '신데렐라맨' 인기가 이 시대 남자의 계층 상승·성공의 희망을 강하게 지니고 있었음을 의미한다고 설명했는데, 사실 계층 상승·성공의 희망이란 사회·정치에 대한 관심과 밀접한 관련이 있다. 사회적 영역에서 희망을 가지고 있는 시기에는 사회와 정치에 대한 관심이 상승할 가능성이 높기 때문이다. 경제적으로 나아지고 사회적 지위도 나아지리라는 희망이 아예 없는 시기에는 정치나 사회에 대한 관심도 쪼그라들고 소소한 개인사로 관심이 좁혀지기 쉽다. 신데렐라맨이 누볐던 청춘영화, 계층 상승 희망을 드러낸 남자 가수의 노래, 사회·정치에 유달리 관심을 보인 남성 작가의 대중소설 등을 한꺼번에 묶어보면, 이 시대 젊은 남성이 제 세상을 만난 듯 상승하는 희망을 지니고 있었음을 짐작하게 된다.

이에 비해 여성 작가가 연애와 결혼이라는 사적 영역에 대한 관심에 여전히 머물러 있었다는 것 역시 징후적으로 의미가 있다. 이 시기 여자는 남자에 비해 사회적 성공에 대한 희망이 매우 매우 낮았다는 의미이기 때문이다. 그렇다고 1960년대가, 1910년대나 1950년대처럼 기존 규범을 넘어서는 연애가 사회 전체의 최첨단 화두였던 시대도 아니다. 이런 1960년대에도 여성 작가는 여전히 연애와 결혼 이야기에 집중했고, 이러한 대중소설이 베스트셀러가 됐다. 이는 많은 여성 독자가 이에 공감했기 때문일 것이다. 여전히 여자의 관심과 희망은 연애와 결혼 같은 사적 영역의 행복에 머물러 있었던 셈이다.

## '한국의 사강'들이 나타나며

### 달라진 판도

이런 새로운 대중소설을 인기 경향으로 만들어놓은 1960년대 젊은 여성의 마음속은 어땠을까? 누차 강조했듯이 대중예술의 작품 분석이란 작가의 마음속을 살펴보는 것인 동시에 이를 인기작으로 만들어준 수용자의 마음속을 짐작해보는 일이기도 하다.

앞서 이야기했듯이 1960년대에 새롭게 부상한 젊은 여성 작가의 대중소설은 당대의 연애와 결혼 이야기를 다루면서도 1950년대 인기 남성 작가는 물론 여성 작가인 장덕조 등의 작품과도 확연히 다른 새로운 작품 경향을 보여준다. 그 조짐은 이미 1950년대 말에 나타났다. 20대 초반 대학생 두 명의 작품이 화제가 됨으로써 기성 인기 작가와는 20년쯤 나이 차이가 나는 세대의 달라진 태도와 감각을 드러냈다. 이화여대 학생인 최희숙의 일기집 《슬픔은 강물처럼》(신태양사, 1959)은 애인을 군대에 보낸 후 또 다른 남자와 연애를 하는 시쳇말로 '양다리' 연애 이야기를 오글거리는 문체로 시시콜콜 기록한 책이다(이로써 최희숙은 '한국의 사강' 소리를 들었으며, 이후 이러한 다소 자유분방한 연애소설을 쓴 젊은 여성 작가에게는 늘 '한국의 사강'이라는 별명이 따라다녔다). 같은 해 역시 이화여대 학생인 신희수가 서울신문사 장편소설 공모에 《아름다운 수의》(1959)로 당선됐다. 《슬픔은 강물처럼》이 일기집 특유의 난삽함을 고스란히 드러내는 것과 달리, 《아름다운 수의》는 소설의 꼴을 갖추었다는 점에서 다소 차이가 있다. 그러나 여대생인 주인공이 미국 유학 중인 애인을 두고 여러 명의 남자와 '썸을 타는' 이야기를 다루었다는 점에서는《슬픔은 강물처럼》과 많은 공통점을 지닌다.

　이렇게 첫 테이프는 갓 스물을 넘은 여대생 작가들이 끊었고, 몇 년 후 여기에 기성의 여성 작가가 합류하여 풍성해졌다. 최희숙과 신희수가 단 한 편으로 이름을 남긴 후 여대생 작가의 맥은 박계형이 이어갔다. 1963년《젊음이 밤을 지날 때》로 등단한 박계형은 1964년 방송국 공모로 당선된《머무르고 싶었던 순간들》로 엄청난 인기를 누렸고, 이후에도 1970년대 초까지 매해 두세 편의 장편을 펴내는 다작 행진을 이어갔다. 그러나 이런 20대 작가만 있었던 건 아니다. 이 시대 대중소설로 인기를 모은 여성 작가의 연배는 꽤나 다양하다. 1950년대 여성 작가로는 가장 대중적인 인기를 누렸던 1914년생 장덕조보다는 연하지만,《독신녀》(1966)·《안개부인》(1969) 등의 전병순과《신설》(1967) 등의 강신재는 1920년대생,《석녀》(1968) 등을 쓴 정연희는 1930년대생이다. 박계형이 1940년대생임을 생각하면 일찌감치 대중적인 여성 작가로 1950년대까지 당대의 연애와 세태를 담아온 김말봉·장덕조 이후 꽤 여러 세대의 여성 작가가 1960년대에 포진해 있는 것이다.

　작가가 다양한 만큼 작품의 색깔도 다양하며 작품의 질 역시 다양하다. 그런데 흥미롭게도 작품 속 여주인공이 처한 고통과 고민은 의외로 엇비슷하다. 이 책에서 다루는 주제와 연관하여 한마디로 요약하면 이 시대 젊은 여성 독자가 애독했을 것으로 짐작되는 여성 작가의 대중소설은 신데렐라 이야기와는 거리가 멀다고 단언할 수 있다. 이들 대중소설 속 여자의 꿈은 돈과 권력을 가진 왕자 같은 남자와 뜨거운 사랑 끝에 결혼에 성공하는 게 아니다. 부자도 권력자도 아닌 그저 자신 하나를 성실하게 사랑해주는 남자와 가정을 꾸려 큰 고민 없이 그럭저럭 생계를 유지하며 백년해로하는 것, 그저 그것이다. 어찌 보면 아주 소박한 꿈이다. 이런 꿈을 가진 여자 역시 돈도 학력도 갖지 못한 밑바닥의 인물이 아니며, 당시로서는 상당히 고학력자인 여대생이거나 대졸자다. 그러니 신데렐라 이야기와는 거리가 멀다. '거리의 자식'이 부잣집 딸과 진정으로 사랑하고 결혼까지 성공하기를 꿈꾸는 1960년대 청춘영화 속의 신데렐라맨과는 정말 다르다.

이 시대 대중소설의 젊은 여주인공은 꿈이 이토록 소박한데도 이조차 제대로 성취하지 못한다. 이들 작품 속의 연애와 가정은 심란하기 이를 데 없다.

## 사랑도 생계도 유지하려면
## 결혼밖에 없는데

왜 이들의 꿈은 이토록 소박할까? 신데렐라까지 꿈꾸지는 못할지라도, 1950년대에 금도를 넘나들며 솟구쳤던 성욕과 물욕은 다 어디로 숨었단 말인가? 이는 꽤 흥미로운 대목이나, 이미《한국대중예술사, 신파성으로 읽다》에서 상세하게 설명했으니 여기서는 간략하게 이야기하고자 한다.

1950년대의 아프레걸 열풍이 1960년대의 현모양처로 변하는 양상은 다소 의아하다. 광복과 전쟁 등으로 기존의 공동체적 결속력이 느슨해지고 여기에 급격히 들어온 미국 문화까지 더해지면서 여태껏 남자의 전유물이라 여겼던 성욕·물욕을 솔직하게 인정하고 드러내는 것이 여자에게도 이상하거나 비정상적인 것이 아님을 이미 깨달았다. '자유'니 '엔조이'니 하는 말을 선명하게 집어낸 정비석의 《자유부인》 이 그토록 크게 주목받은 것은 그 때문이었다. 이렇게 한번 자유를 맛 보았는데 다시 평범한 가정에서 남편에게 순종하며 가사노동과 육아 에만 몰두하는 현모양처를 꿈꾼다는 게 가능한 일일까?

하지만 이런 현상이 나타났다는 것은 1950년대 여성의 자유주의 와 그 토대가 그만큼 허약한 것이었음을 방증한다. 다시 말해 자유주 의를 유지하고 발전시킬 만큼의 물적 토대를 당시 우리 사회가 갖고 있지 못했고, 여성 역시 이러한 한계를 돌파할 만큼 여성주의 의식에 도달하지 못했다고 요약할 수 있다. 1950년대에는 급격한 사회적 변 화로 여성이 가정 바깥으로 나와 돈벌이를 하게 됐지만 남성도 구직난 이 심각했던 그 시대에 여성의 일거리는 매우 한정적이었다. 1950년 대 대중소설 속의 여성 인물이 사회활동에서 남성의 후원에 기대고 있 다는 것은 바로 이런 지점에서 이해할 수 있다. 문제는 물질적 후원을 주고받는 그들의 관계가 신데렐라 이야기에서처럼 진정한 사랑의 관 계가 아니라는 점이다. 여성 인물은 자신에게 구애하는 남성에게 그다 지 호감을 느끼지 않음에도 물질적 후원을 요구하고, 남성 인물은 돈 의 힘으로 여자의 사랑이나 성을 얻어내려 하기 때문이다. 오히려 교 환이나 거래에 근접해 있다. 그런데 1950년대 말 최희숙·신희수의 작 품부터 1960년대 여성 작가의 대중소설에서는 이러한 것이 사라진다. 즉 중심적인 여성 인물은 사랑도 성욕도 느껴지지 않는 남자와 돈 때문에 사귀는 짓을 하지 않는다. 1960년대에도 여러 남자와 사귀는 여성 인물은 흔히 등장한다. 그러나 이들을 움직이는 동력은 돈이 아니라 사랑이나 성욕이다. 즉 거래가 아닌 것이다. 박계형의《젊음이 밤을 지날 때》속의 여주인공이, 자신의 성욕에 따라 언제든 '원 나이트 스탠드'를 감행하고 정조·순결에 대해서 고루하고 쓸데없는 집착이라 치부하는 행태는 매우 극단적이기는 하지만 1950년대 작품들과의 변화를 단적으로 보여주는 지점이다.

1960년대 작품 속 여성이 자신의 성과 사랑을 물질적 후원과 교환하기를 거부했다는 점에서, 이들의 여성의식은 1950년대에 비해 진전된 것이라 할 수 있다. 그러나 여성의 이러한 자유주의적 삶이 지속될 수 없다는 것이 큰 문제였다. 자신의 욕망에 충실하여 성생활을 즐긴 여성은 원치 않은 임신, 일부일처제라는 제도와의 충돌, '정조 잃은 여자'라는 사회적 낙인 등으로 몰락할 수밖에 없다. 파혼과 이혼으로 인해 경제적 궁핍, 주변의 비난, 심지어 영아 살해에까지 내몰린다. 온갖 어려움을 극복하고 자신의 가치관대로 살아가려면 최소한 혼자 생활을 유지할 만한 경제적 능력을 갖추어야 하는데, 결정적으로 이들 여성 인물에게는 그것이 없다. 아버지나 남편에게 쫓겨난 여자는 갈 곳도 먹고 살 방법도 없다. 더 근본적인 문제는 여성 인물이 스스로 사회적 노동으로 생계를 해결하고 사회 안에서 안정된 위상을 유지하는 것이 중요하다는 의식을 갖고 있지 않다는 점이다. 즉 남자의 도움 없이 자립적으로 살아갈 물적 토대가 없으며, 이를 획득해야 한다는 의식도 약하다.

이렇게 되면 여성은 오로지 경제력을 가진 한 남성과의 결혼을 통해서만 생계와 사랑·성의 욕망을 해결할 수밖에 없다. 여성이 남성 후원자에게 애정을 대가로 물질적 도움을 받는 지경에 이르지 않고 지속적으로 생계와 사랑의 욕망을 충족하려면, 길은 딱 하나뿐이다. 자신을 평생 사랑해줄 남자와 결혼하여 그 남자가 사회적 노동으로 벌어오는 돈으로 생활하면서 가사노동과 육아를 담당하는 전업주부가 되는 것이다. 그러려면 오로지 한 사람만 평생 사랑하며 그 이외의 섹스는 상상도 하면 안 된다. 이 시기에 순결주의와 낭만적 사랑이 중요한 가치로 부상한 것은 이 때문이다. 이렇게 아프레걸의 삶이 지속 가능하지 않다고 여긴 여성은 현모양처로 회귀했다.

## 사랑받는 전업주부를
### 꿈꾸었건만

그러나 과연 현모양처로는 사랑과 생계 양쪽을 모두 웬만큼 충족하며 살 수 있을까? 문제는 그게 그다지 쉽지 않다는 점이다.

이 시대 대중소설 속 여주인공은 부잣집에서 왕비처럼 살고 싶은 욕망도 강하지 않고, 사회 안에서 남자와 경쟁하며 직업적으로 성공하는 방식의 자아실현 같은 꿈은 더더구나 별로 갖고 있지 않다. 연애하는 미혼 여성은 결혼을, 기혼 여성은 행복하면서도 무료하지 않게 가정생활을 하는 것을 바라는 정도다. 그런데 지나치게 소박해 보이기도 하는 이 꿈이 잘 이루어지지 않는다는 게 문제다. 소설 속 미혼 여성의 최대 고민은 혼전 성교이고, 기혼 여성의 최대 고민은 남편의 불륜과 무관심이다.

남자는 연애가 진전되면 집요하게 동침을 요구한다. 여주인공도 성욕이 없는 것은 아니나, 동침한 상대와 결혼까지 도달하지 못할 것을 우려한다. 남자는 애인과의 혼전 성교를 요구하면서도 막상 결혼 때에는 신부의 성적 순결을 바란다. 따라서 혼전 성교의 대상과 결혼까지 도달하지 못할 경우 여자는 결혼 자체가 힘들어질 수 있다는 불안감을 떨쳐버릴 수 없다. 하지만 간절하게 애인이 동침을 요구하는데 이를 거부했다가 남자가 실망하고 떠나가 버릴까 걱정이다. 미혼 여성에게 이 문제는 진퇴양난이다. 한편 기혼 여성의 고민거리인 남편의 불륜과 무관심은 늘 있었던 일이니 이 시대라고 특별히 달라졌을 리 없다. 남자는 '종삼'(종로 3가의 집창촌을 일컫는 말) 드나들기를 예사로 알고, 다방·술집의 레지·마담은 물론이거니와 여비서, 간호원, 가정부, 심지어 아내의 친구와도 성적 관계를 맺는다. 가정부는 불륜(대개는 강간으로 시작된)의 단골 대상자로 자주 등장하며, 가정부 방에 중년의 아버지와 장성한 아들이 번갈아 드나들어 집안이 파탄 나는 막장 드라마 같은 소설도 있다. 물론 아내의 불륜 문제도 종종 다루어지는데, 주로 남편의 불륜과 냉담함에 자극받아 '맞바람'을 피우거나, 남편의 경제적 무능력 때문에 돈벌이를 나섰다가 '외간 남자'와 문제가 벌어진다는 설정이 흔하다. 성공적 결혼과 혼인 생활의 지속을 원하므로 여자는 성적 순결에 목을 매건만, 남자는 전혀 그렇지 않다. 하지만 여자는 이를 통제할 수도, 이 시스템을 벗어날 수도 없다. 혼자서는 자립적으로 먹고살 수가 없으며, 그럴 의지도 없기 때문이다.

큰 것을 바라는 것도 아니고, 그저 궁핍하지 않을 만큼의 경제적 안정과 애정욕·성욕을 해결할 수 있는 안정된 사랑의 대상만 있으면 되는데, 그게 이루어지지 않는 것이다. 그러니 진정성 있는 사랑과 결혼으로 계층 상승까지 함께 성취하는 신데렐라 이야기의 주인공이란, 아예 꿈조차 꿀 수 없다.

## 《머무르고 싶었던 순간들》의 비현실성이 말해주는 것

이 시대 최고의 베스트셀러가 박계형의 《머무르고 싶었던 순간들》임은 바로 이 점을 잘 보여준다. 50~60대 여성이라면 제목이라도 기억할 만큼 유명했던 이 작품은 1964년 TBC의 라디오 소설 공모에 당선되고 1966년 출간됐다. 바로 베스트셀러 목록에 오르내리며 1970년대까지 꾸준히 읽혔고 그 후속작도 계속 잘 팔렸다. 이 소설이 '소녀 시절, 나의 소설 쓰기의 첫 선생님이었다'고 말하는 여성 작가가 있을 정도로 여성 청소년에게 큰 인기를 끌었다. 그런데 막상 지금 작품을 읽어보면 당황스러울 정도로 리얼리티가 결여되어 있고 소설적 완성도도 그의 다른 작품에 비해서 크게 떨어진다. 30대 전업주부인 여주인공이 불치병으로 죽기 직전, 소녀 시절 연애부터 한 남자와 얼마나 아름답고 행복하게 사랑하고 살아왔는지를 회상하는 내용이 전부다. 명색이 소설임에도 주인공에게는 갈등이란 게 별로 없다. 애인이자 남편인 남자는 진정성 있는 사랑과 배려·부드러움이 넘치니 위기를 겪을 일이 없고, 심지어 시부모와의 갈등조차 없다. 유일한 위기는 6·25 때 북한군에게 순결을 잃을 뻔한 사건뿐이다.

읽다 보면 맥이 빠지다 못해 화가 날 정도로 리얼리티가 떨어지는데, 이 비현실성은 1969년에 낸《머무르고 싶었던 순간들 후편》에서 훨씬 더 노골화된 양상을 보여준다. 이 작품은 상처한 남편이 깨끗하게 수절하다가 꼭 10년 후 '너희들이 다 컸으니, 나는 너희 엄마 곁으로 가겠다'고 선언하며 45세 젊은 나이에 자살하는 '열부(烈夫) 스토리'를 아름답게 그려낸다. 이쯤 되면 리얼리티 운운하는 것조차 민망하다.

그럼에도《머무르고 싶었던 순간들》이 이토록 인기를 모은 것은 이 작품이 상상해 주조해놓은 성적 순결주의와 낭만적 사랑에 기초한 연애와 결혼, 순결하고 행복한 아내 되기의 꿈에 많은 수용자가 지지를 보냈기 때문일 것이다. 이 시대의 젊은 여자는 경제력을 함께 지닌 남편과 순결하고 낭만적인 사랑을 하며 평생 해로하고 싶었던 것이다. 이것이 당시 그들이 물욕·성욕을 어느 정도 지속적으로 해결하며 사는 방법으로, 꿈꿀 수 있었던 유일한 해법이었다.

그러나 이 두 편이 지닌 지독한 비현실성은 작가 역시 인정하는 듯하다. 이외의 작품에서 작가는 성적 순결주의와 낭만적 사랑이 좌절되는 여러 이야기를 펼쳐놓고 있기 때문이다. 혼전순결과 이리저리 얽힌 불륜, 그리고 남편의 외벌이로는 생계유지가 되지 않는 문제적 상황을 주로 다루고 있다.

그러나 작가는 끝끝내 여성의 사회적 노동을 당연시하는 관점을 갖지 못했고, 결국 남녀의 성적 분업과 부부 모두의 순결한 사랑의 결합으로 이루어지는 가부장제의 가정이 가장 이상적이라는 결론으로 귀결했다. 그리고 이 시대의 젊은 여성 수용자는 이를 기꺼이 선택했

다. 《머무르고 싶었던 순간들》은 여학생이 '장래 희망' 난에 별 문제의
식 없이 당당하게 '현모양처'라고 쓰던 시대의 베스트셀러였던 셈이다.

## 달라진 세상의
## 현모양처

이 시대 여성 작가의 대중소설은 이러했다. 성적·경제적 만족이 안정
적으로 이루어지기를 바랐고, 이는 불륜 같은 갈등 없이 안정적으로
유지되는 일부일처제 가정에서 전업주부가 되어야만 가능했다. 인기
작품들은 이런 희망을 이야기하고 있었던 셈이다. 이것이 성취되지 않
아 전전긍긍하는 모습을 여성 작가가 그려낸 바로 이 1960년대에 남
자는 역사소설의 전성기가 말해주듯 '바깥세상의 일'에 몰두했다. 심지
어 능력도 성실함도 지니지 못한 '밤거리 뒷골목'의 '거리의 자식'조차
오로지 뜨거운 마음 하나만으로도 계층 상승의 꿈을 꾸어볼 수 있다고
생각하던 시대였다. 즉 사회 안에서 성공할 수 있다는 희망을 품었던
'잘살아 보세'의 시대였던 것이다. 그런데 남자가 '바깥세상'에서의 성
공에 매달릴수록 여자란 휴식과 재생산을 위한 존재로 치부되는 경향
이 있다. 일에 지친 심신을 쉬게 해주는 존재, 식욕·성욕·수면욕과 종
족 보존 욕구를 해결하는 영역에 놓인 존재가 되어버린다. 이 역할을
'아내'라는 한 사람이 아니라, 아내와 가정부와 애인과 성매매 여성 등
여러 여자가 나누어 맡아도 남자에게는 별문제가 아닐 수 있다. 그러
나 1960년대의 여자는 명실공히 일부일처의 관계를 요구했고, 진정성
있는 사랑으로 자존감과 안정을 유지하고 싶어 했다. 그러나 남성 우

박계형의 첫 장편소설《젊음이 밤을 지날 때》를 리메이크한 영화(홍성기 감독, 1964)
포스터. 흔히 박계형은 대표작《머무르고 싶었던 순간들》로만 기억되고 있으나
이 첫 장편에서부터 성과 가족에 대한 이전 세대와 다른 고민을 보여주고 있다는
점에서 주목을 요한다. 한국영상자료원 소장

위의 성욕과 순결주의는 늘 충돌했고, 여자는 미혼이든 기혼이든 불안해했다.

남자란 늘 그래왔는데 왜 이 시대 여자만 유난스러우냐고 되물을 수도 있다. 그러나 이미 이러한 불행·불안이 여자의 운명이라 여기고 인내했던 때와는 세상도 사람도 달라졌다. 1960년대 여자는 이전 세대보다 높은 교육적 혜택으로 자아에 눈떴고, 1950년대 '아프레걸'과 '자유부인'의 시대를 거치며 욕망의 분출을 경험했다. 그러나 1960년대 초에 이르면 1950년대 여성의 욕망을 허영으로 질타하고 이제 여자는 가정으로 돌아가 '가정의 경영자'로서 현모양처가 되어 재건·성장의 세상에 기여해야 한다는 쪽으로 여론이 기울었다. 남성은 쌍수를 들어 환영했고 여성주의적 자각이 크지 않았던 대다수 여성도 이에 동조했다. 그럼으로써 '현모양처'는 다시 1960년대의 새로운 지배 이데올로기로 안착했다.

보수적 회귀로 안정을 되찾는 것처럼 보였지만, 여자는 행복하기 쉽지 않았다. 남편의 불륜·무관심을 견딜 수 있는 여자가 이미 아니었고, 그렇다고 직업을 갖지 못한 상황이니 이혼 등의 '싱글 선언'을 할 수도 없었다. 한편 남자도 자신들의 여자관계는 물론 월급봉투까지 관리하겠다고 나서는 애인·아내 때문에 피곤해했는데, 1965년 라디오드라마 제목에서처럼 〈엄처시하〉(김석야 극본)라고 투덜거렸다.

이렇게 '잘살아 보세'를 외쳤던 1960년대에 희망은 사실 남자의 것이었고, 가정에 머물러 있던 여자의 행복의 꿈은 결코 쉽게 이루어지지 않았다. 그리고 남자도 마냥 행복하기만 한 것은 아니었다.

# 짧은 신데렐라맨의
# 시대가 끝나고

## 가족 내의 권력관계

부모와 자식, 부부, 연인, 친구, 형제자매 사이의 관계는 흔히 사랑, 우정, 우애 같은 감정으로 설명하지만, 다른 한편으로 냉정한 힘의 논리가 작동하는 권력관계이기도 하다. 미시권력의 많은 부분이 이렇게 가족과 친우 관계에 존재한다. 사랑과 가족 이야기를 다루는 대중예술이 늘 뻔한 것 같지만 시대에 따라 꽤 유의미한 차이를 보여주는 것도, 이러한 미시권력이 세상의 변화에 따라 미묘하게 달라지기 때문이다.

앞에서 1950년대에 육체적·물적 욕망을 과감히 말하기 시작했던 여성이 1960년대에는 다시 가정 내 현모양처를 지향하면서 현모양처 이데올로기가 새롭게 부상했다고 이야기했다. 하지만 그렇다고 남편이 마냥 편해진 것은 아니었다. 1960년대 초의 작품에서 확인되듯 무너졌던 가부장제 질서의 복원을 시도했지만, 1960년대의 젊은 가부장과 현모양처는 부모 세대의 그것과 같을 수는 없었다. 학력이 높아지고 자신의 욕망을 긍정하기 시작한 여자는 전업주부를 가정의 경영자라고 생각하는 새로운 현모양처 상을 구축했다. 의식주 생활의 방식을 결정하고 실행하며, 가계부에 예·결산을 깔끔하게 정리하고 합리적인 소비를 실천하며, 근대적 지식으로 자녀를 양육하고, 심지어 아름다운 외모와 성적 매력을 갖추어 남편에게 만족감을 주는 등의 일이 주부로서의 전문성이라는 생각이 확산됐다. 그리고 이러한 일을 잘 처리하는 것은 능력이라 여겼다.

이제 이 시대의 젊은 남편은 돈궤를 쥐고 스스로 관리하지 않게 됐고, 월급봉투 전체를 아내에게 맡기고 용돈을 타서 쓰는 방식이 확산됐다. 아내를 가정의 '내무부장관'으로 부르는 풍조도 이즈음부터다. 재산의 소유권은 여전히 남편에게 있었지만 소비나 저축 등 재산 관리는 아내의 역할로 빠르게 이동했다. 가족 내 권력관계가 미묘하게 변화한 것이다.

## 현모양처이면서 엄처(嚴妻)

1960년대 중반의 방송드라마나 영화에서 남편의 권력 위축이라는 소재는 자주 등장하며, 이를 기반으로 한 주제가도 인기였다.

1. 열아홉 처녀 때는 수줍던 그 아내가
   첫 아이 낳더니만 고양이로 변했네
   눈 밑에 잔주름이 늘어가니까

무서운 호랑이로 변해버렸네
(후렴) 그러나 두고 보자 나도 남자다
언젠간 내 손으로 휘어잡겠다
큰소릴 쳐보지만 나는 공처가

2. 한세상 사노라면 변할 날 있으련만
날이면 날마다 짜증으로 지새는
마누라 극성 속에 기가 죽어서
눈칫밥 세월 속에 청춘이 가네
(후렴)
  - 최희준, 〈엄처시하〉(김석야 작사, 김호길 작곡, 1965)


MBC의 라디오드라마 〈엄처시하〉(김석야 극본, 김성희 연출, 1965)
의 주제가다. 드라마 작품은 남아 있지 않으나, 제목과 주제가만으로
도 내용을 어느 정도 짐작할 만하다. 마찬가지로 최희준이 부른 주제
가로 기억되는, 신봉승 극본 라디오드라마 원작의 영화 〈월급봉투〉(김
수용 감독, 1964) 역시 주눅 들어 사는 중년 가장의 이야기다. 주인공인
노교사는 월급봉투에 적힌 월급 명세를 조작해 아내 몰래 '딴 주머니'
를 찬다. 그런데 미국에서 교육학을 전공하고 온 아들이 같은 학교 교
감으로 부임하여 월급봉투를 받아오기 시작하자, 그의 월급 명세 조작
이 아내에게 탄로 날 위기에 처한다. 임희재 극본 라디오드라마 원작
의 영화인 〈로맨스 그레이〉(신상옥 감독, 1963)에서는 겉으로는 품위가

넘치는 주인공 노교수가 딸 또래의 '술집 여자'와 바람이 나고, 아파트에 마련한 '딴 살림'이 아내와 자식들에게 발각되기에 이른다. 수치심을 견디지 못한 아내는 남편을 한강으로 데리고 나가 동반자살 소동까지 벌인다.

두 작품 모두 김승호가 나이 든 아버지 역을 맡고 코미디영화의 관습상 화해의 해피엔딩으로 끝을 맺으니, 1960년대 초의 〈로맨스 빠빠〉, 〈서울의 지붕 밑〉 등의 작품과 흡사해 보이기도 한다. 하지만 살짝 달라진 느낌이 있다. 가장 큰 변화는 뚜렷이 힘이 강해진 아내 캐릭터다. 1960년대 초의 '김승호 영화'에서는 중년 남성인 주인공이 평생 성실하게 살아왔으나 달라진 시대에 적응하지 못하는 것으로 설정되어 있음에도 아내를 무서워하지는 않는다. 〈로맨스 빠빠〉, 〈박서방〉, 〈삼등과장〉, 〈서울의 지붕 밑〉 등에서 아내는 주책과 심술을 부리는 남편에게도 사소한 잔소리를 하는 정도에 그칠 뿐 강한 내주장(內主張)을 하지는 않는다. 이런 중노년의 남성 주인공의 쇠락은 능력 있고 성실한 젊은 남자의 부상으로 이어진다. 고통이 없는 것은 아니나 이런 세대교체는 순리라고 보일 수 있다.

그러나 1960년대 중후반 작품에서는 권력관계가 달라졌다. 중년 남자주인공은 완전히 가부장의 지위를 상실한 것도 아니면서 아내를 적잖이 무서워한다. 자신이 하고 싶은 일을 하면서도 아내의 눈을 피해 몰래 일을 벌인다. 아내가 싫어하는 일을 당당히 밝히고 하지 못할 정도로 힘이 위축되어 있는 것이다. 심지어 젊은 여자와 몰래 딴 살림을 차린 〈로맨스 그레이〉의 주인공은 젊어 보이고 싶어서 수십 년간

길러왔던 콧수염을 없애려 하는데, 아내의 반대로 그조차 마음대로 하지 못한다. 그 아내들은 평생 가사노동과 자녀 양육을 성실하게 잘 해낸 현모양처지만, 결코 만만하지 않은 엄처이기도 하다. 남편의 월급을 모두 맡아 관리하는 것은 물론, 심지어 남편의 콧수염에까지 강경한 의견을 개진한다. 〈로맨스 그레이〉의 노교수 '사모님'이 남편의 외도에는 아내가 남편을 위해 외모를 가꾸고 애교를 부리는 등의 서비스를 제대로 하지 못한 책임이 있다고 주부들을 향해 품격 있게 설교하는(정작 자신 역시 남편의 외도를 막지 못해, 이렇게 당당한 설교를 한 지 얼마 안 되어 남편의 외도 사실과 맞닥뜨리는 아이러니한 상황에 봉착한다) 대목은 꽤나 흥미롭다. 이런 견해가 강고한 가부장제적 사고임은 물론이지만, 다른 한편 남편의 애정 역시 아내의 능력으로 통제할 수 있다는 생각을 보여주기 때문이다. 즉 1960년대 이후의 새로운 현모양처 이데올로기는 여자를 오로지 순종적인 과거의 아내로 되돌릴 수 있는 게 아니었다는 의미다. 젊은 세대를 주인공으로 삼은 경우 아내의 내주장은 더 거세다. '말의 해'였던 1966년의 영화 〈말띠 신부〉(김기덕 감독)에서는 아내들이 동침과 임신 시기까지 자기 주도로 밀어붙이면서 남편들을 쩔쩔매게 만든다.

모두 부를 축적하는 것처럼 느껴지는 이 시대에 기대만큼 돈을 벌어오지 못하는 남편은 더욱 위축된 모습을 보여준다. 영화로 리메이크되기도 한 TV드라마 〈치맛바람〉(유호 극본, 황은진 연출, 1967)에서는 주부들이 계를 한다고 치마를 휘날리며 몰려다니는 당시 풍경이 풍자적으로 그려진다. 스스로 돈을 벌겠다며 사회에 나온 여자를 비판적으로 그린 작품은 이미 영화 〈자유부인〉이나 〈여사장〉 등 1950년대 후반부터 흔했다. 하지만 〈치맛바람〉 속의 여자는 1950년대처럼 세련된 양장을 차려입고 미국 분위기를 풍기는 여자가 아니라, 한복을 일상적으로 입고 다니는 평범한 서민 가정주부다. 즉 1950년대에 세련된 고학력 여성에서부터 시작한 여성의 물욕·성욕의 발현은 1960년대 후반에 이르러 그저 대도시의 평범한 사람 모두에 해당하는 보편적 현상이 됐다. 흥미로운 지점은 또 있다. 여성의 사회적 경제활동에 대한 현실적 인정의 시각이 엿보인다는 점이다. 1950년대는 물론 1960년대 작품 대부분에서 이러한 여성은 몰락하거나 회개한다. 그러나 결말은 이렇게 보수적일지라도 〈치맛바람〉에서는 그러한 극적 처벌에도 아내가 계라도 해서 살아갈 수밖에 없는 도시 서민의 생활방식 자체가 부정되지 않는다. 대가족 안에서 유일하게 돈을 벌어오는 남편은 성실한 직장인이지만 취미는 고사하고 좋아하는 담배조차 끊어야 할 정도로 경제적으로 허덕거리니, 견디다 못한 아내가 계라도 하겠다고 나서는 형국인 것이다. 이제 가정경제의 운영은 아내의 손으로 넘어왔고, 아내는 남편은 물론 시아버지·시동생의 소소한 지출까지 간섭하면서 재테크로 돈을 불리는 경제적 주체가 되었다.

## 신파성 부활과 가족 내 권력관계

욕망이 사라진 건 아니나 현모양처의 길을 택한 젊은 여자의 고통을 그리는 여성 작가의 소설, 남편이 강한 현모양처에 짓눌리는 방송드라마와 영화, 이런 작품이 인기를 누리던 시대는 따지고 보면 신데렐라맨이 중심이 된 청춘영화의 시대이기도 했다. 앞서 새드엔딩의 영화가 많긴 하지만 그나마 부유한 여자와 진정성 있는 연애를 하며 희망을 싹틔우는 신데렐라맨의 등장을, 젊은 남자가 그 사회에 대한 상당한 신뢰를 가지며 계층 상승의 희망까지 갖고 있었던 '잘살아 보세' 시대의 사회심리가 드러난 것이라 이야기했다. 하지만 이런 신데렐라맨이나 가족 내 권력관계 변화로 편안하지 않아 계층 상승 대열에 끼기 위해 안간힘을 쓰는 인물 군상을 보여주는 작품이 인기를 모았다면, 이 시대의 '잘살아 보세', '쥐구멍에도 볕 들 날 있다'의 신뢰와 희망이란 적잖이 허약한 것이다.

이 허약함은 머지않은 시기에 그 모습을 좀 더 분명히 드러낸다. '잘살아 보세'의 대열에 성공적으로 올라탄 사람이 없는 건 아니지만, 더 많은 사람이 그 대열에서 탈락하고 있음을 보여주는 작품이 1960년대 말부터 쏟아져 나오는 것이다. 신데렐라맨의 청춘영화 인기가 수그러드는 시기도 바로 이때다.

1967~1968년 즈음부터 영화와 방송드라마, 대중가요 등이 보여주는 뚜렷한 인기 경향은 단연 신파성의 강화다. 대중가요에서는 1964년 이미자에서 시작한 신파적 트로트 부활이 1967년에 이르러서는 배호, 남진, 나훈아 등으로 이어지며 완연한 르네상스 현상을 보여주었다. 방송드라마와 영화에서도 1963~1964년부터 슬슬 나타나던 신파적 구도의 멜로드라마가 1967~1968년부터는 대세가 됐다. 미혼모와 혼외자 소재의 이야기가 이를 이끌었고 1968년에 역대 흥행 기록을

갈아치운 영화 〈미워도 다시 한 번〉(정소영 감독)은 그 정점이었다.

　　이 시기의 신파성 부활이 미혼모와 혼외자 이야기를 중심으로 이루어졌다는 점은 앞서 이야기한 가정 내 남성의 권력 약화와 무관하지 않아 보인다. 지금과 비교하자면 여전히 남편의 권력이 큰 시대였지만, 이전 세대에 비해 권력이 줄어든 남편은 불만스러워했다. 남편의 불륜을 다룬 수많은 드라마·영화가 일정한 경향을 보이는 것은 바로 이와 무관하지 않다. 그 남편의 외도 방향은 늘 '사회적 스펙'이 없고 성격도 유약한 여자를 향해 있는 것이다. 1963년 이성재 극본 라디오드라마로 출발해 같은 해 영화화되면서(최훈 감독) 미혼모 소재 작품의 시작점에 위치한 〈아빠 안녕〉, 1964년 추식 극본의 라디오드라마에서 1965년 영화 리메이크(김기 감독)로 이어진 〈동백 아가씨〉(이미자의 〈동백 아가씨〉가 이 영화의 주제가다)가 모두 이런 양상을 보인다. 〈아빠 안녕〉에서는 드센 아내에게 질린 남편이 가난한 고아 출신 여자와 딴 살림을 차려 혼외자를 낳고, 〈동백 아가씨〉의 주인공인 생물학도는 지도교수의 딸과 정혼한 사이임에도 외딴 섬의 순진한 처녀와 사랑에 빠진다. 이 남자들이 왜 하필 고아나 시골 처녀와 사랑을 했을지 짐작하는 것은 그리 어렵지 않다. 진정성 있는 사랑이었음은 분명하지만, 자신보다 권력이 강한 (예비) 아내와의 관계를 벗어나 자신이 주도하는 사랑을 해보고 싶다는 심리 역시 분명히 읽힌다. 이 시대의 남자가 미국 냄새를 위풍당당하게 풍긴 패티김보다 시골의 누이처럼 다소곳한 태도로 청승스럽게 〈동백 아가씨〉를 부르는 이미자에게 더 환호한 것도 이와 같은 이유일 것이다.

## 〈미워도 다시 한 번〉
### 흥행의 의미

주목할 만한 것은 〈아빠 안녕〉에서는 외도하는 남자가 이야기의 중심에 놓인 것에 비해, 해가 갈수록 점차 미혼모 캐릭터로 무게가 옮겨가는 현상을 보인다는 점이다. 급기야 1968년 〈미워도 다시 한 번〉에 이르면 완전히 미혼모를 비롯한 여성 인물로 중심 이동이 이루어지는데, 여성 대중, 특히 '고무신 관객'이라 폄하됐던 부류의 여성 관객이 불쌍한 미혼모의 고통에 공감하며 눈물 흘리기 위해 손수건을 들고 극장으로 몰려갔다.

〈미워도 다시 한 번〉은 1968년 여름 국도극장에서 65일이나 롱런하여 37만 명의 관객을 모았다(이 시대에는 서울, 대전, 인천 등 대도시별로 영화관 한 곳에서만 개봉했다). 이전의 최고 기록은 1961년 〈성춘향〉(신상옥 감독)으로, 구정(설날) 대목의 90일 상영에 37만 명을 모았다. 그런데 〈미워도 다시 한 번〉은 37만 명 돌파 기간이 짧았을 뿐 아니라 미성년자 입장 불가 등급으로도 이 정도 흥행을 했으니 그 열기를 짐작할 만하다. 이후 무려 여섯 편의 속편이 만들어졌고, 1990년 전국 주부 1200명 대상의 여론조사에서 '한국의 여성상을 표현한 한국 영화 중 가장 인상에 남는 영화' 1위로 꼽힐 정도였다.

유부남임을 감추고 유치원 선생과 연애를 한 신호(신영균 분), 어느 날 갑자기 시골에서 아이들을 데리고 올라온 본부인(전계현 분), 그리고 자신의 사랑이 불륜이었음을 알게 되자 조용히 물러나 동해안 어촌 마을에서 혼자 아들을 낳아 키운 혜영(문희 분)의 삼각관계, 여기에 아버지가 필요한 나이가 되자 신호에게 연락하여 아들을 키워달라 통고하고, '가서 큰어머니 말씀 잘 듣고 형들과 잘 지내라'는 애절한 충고와 함께 어린 아들을 떠나보내는 장면까지, 구태여 내용 요약이 필요 없을 정도로 뻔하다. 그러니 당시 평론가들이 시대착오적인 신파영화라 혹평한 것도 무리는 아니다.

그러나 뻔한 내용이라도 섬세하게 따져보면 새로운 지점이 없지 않다. 이전의 신파적 작품에 비해 여성 인물의 결함이 별로 없다. 혜영은 기생 전력이 있는 것도 아니고 과거를 속이지도 않은, 그저 혼인빙자간음의 피해자일 뿐이다. 게다가 시골에서 올라와 난데없이 불륜 사실을 알게 된 본부인도 〈아빠 안녕〉에서처럼 엄처로 설정되어 있지 않다. 바람피운 남편에게도 '상간녀'인 혜영에게도 항의하지 않고 그저 눈물만 흘리는, 바보처럼 착한 여자다. 착하디착하기는 혜영도 마찬가지다. 남자를 고소해야 할 상황인데도 그에게 임신 사실조차 알리지 않은 채 마치 자신이 죄인인 듯 다소곳한 얼굴로 조용히 떠난다.

새로운 현모양처 이데올로기가 주창되던 1960년대 초만 해도 '식모'가 불륜의 씨앗이 될 수 있는데도 식모를 두는 것은 주부가 게으르기 때문이라는 식의 기사가 대중지에 오르내렸다. 이 시대에 개봉된 영화 〈하녀〉(김기영 감독, 1960)에서는 젊은 가정부가 주인 남자를 유혹하는 장면마다 관객석에서 "저년 죽여라!" 하는 외침이 터져 나왔다고 한다. 일부일처의 '스위트 홈'을 만들 수 있다는 굳건한 확신과 한순간 무너질지도 모른다는 불안감이 남편의 외도 대상인 '약자 여성'에 대한 경계와 증오를 만들어낸 것이다. 그런데 1960년대 말의 〈미워도 다시 한 번〉에 이르러서는 수많은 주부 관객이 아무 잘못도 없이 고통받아야 하는 본부인과 미혼모 양쪽 모두에 공감의 눈물을 흘리는 지경에 이르렀다. 아무리 남편이 권력을 상실했다고 느껴도 여전히 남자가 '갑'이고 여자는 '을'인 시대였으며, 이 영화에서 여자는 본부인이든 '2호 부인'이든 간에, 자신이 어쩔 수 없는 '을'임을 받아들이고 있었던 셈이다. 그중 시골 출신, 고아, 저학력, 가난한 여자는 약자 중의 약자였고, 〈미워도 다시 한 번〉 같은 신파적 영화의 대유행은 이러한 사회적 약자가 고통의 비명을 지르기 시작하는 시대가 됐음을 징후적으로 보여준다.

### 뒤처진 약자의 고통이
### 모습을 드러내다

신파적 작품이 대유행하는 시대가 왔다는 것은 이미 신데렐라 이야기의 시대가 지나갔다는 의미이기도 하다. 앞서 배우 신영균과 신성일의 이미지에 대해 이야기했는데, 1960년대 초의 영화에서 능력 있고 믿음직한 청년으로 흔들린 가부장제 복원의 주체로 이미지화된 신영균은 이 시기에 〈미워도 다시 한 번〉 부류의 영화에서 남자주인공 역을 도맡았다. 그는 가난하던 청년 시절을 뛰어넘어 계층 상승에 성공한 듬직한 가장이 됐지만, 가족이나 다름없는 미혼모와 혼외자는 그 상승의 흐름에 함께 올라타지 못한다.

스스로 성장할 만한 능력과 성실함을 갖춘 신영균 캐릭터조차 이러한데, 능력도 성실성도 없이 오로지 사랑의 진정성만 있는 신데렐라맨인 신성일 캐릭터는 오죽하랴. 〈미워도 다시 한 번〉에서 신영균은 그래도 현모양처인 조강지처와 그 소생들은 함께 계층 상승의 대열에 합류시켰다. 아마 그에게 노부모가 있었다면 그들 역시 이전보다 부유한 노후를 누릴 것이 분명하다. 그러나 신데렐라맨은 다르다. 그는 사랑이라는 가느다란 두레박줄을 잡고 겨우 혼자 계층 상승에 성공할 수 있었을 터다. 영화 〈화산댁〉(장일호 감독, 1968), 〈저 언덕을 넘어서〉(강찬우 감독, 1968) 속의 신데렐라맨 주인공은 가난한 집안 출신으로 부잣집 사위가 됐지만 시골에 남은 부모형제는 돌볼 수 없는 냉혈한이 될 수밖에 없다. 천륜과 인륜을 저버리고 부자와의 결혼에 성공한 이들은 한때 성공한 신데렐라맨으로 보였을지 몰라도 이제는 가족을 버렸다는 죄책감과 어쩔 수 없다는 자기 연민에 눈물짓는 신파적 주인공이 됐다.

결국 1960년대 중반 잠깐 그 모습을 보였던 신데렐라맨은 몇 년 지나지 않아 사라졌다. '잘살아 보세' 소리가 나온 지 5년도 넘었고, 그 기대감으로 대대적인 '무작정 상경' 바람이 불던 때였다. 이들 태반은 여전히 살기 힘들었으며, 계층 간 격차는 벌어지기 시작했다. 자본주의적 근대화의 세상을 신뢰하며 자신도 잘살 수 있으리라는 희망을 지녔던 사람은 대부분 성공하지 못하는 냉혹한 현실과 직면했다. 분명 경제는 눈에 띄게 나아졌고 누군가는 계층 상승에 성공했지만, 이 대열에서 뒤처진 다수의 약자는 1960년대 말에 이르러 이렇게 작품 속에서 눈물과 탄식의 신파적 감성으로 그 모습을 드러냈다. '쥐구멍에도 볕 들 날 있다'며 희망을 꿈꾸던 마음 한쪽에 '남들은 부자가 되어 계단

당대 최고 흥행 기록을 갈아치운 영화 〈미워도 다시 한 번〉(정소영 감독, 1968)의
포스터. 한복 차림으로 비를 맞고 있는 혜영(문희 분)과 콧수염을 길러 중년의 분위기를
풍기는 신호(신영균 분)의 이미지가 많은 것을 말해주고 있다. 한국영상자료원 소장

있는 양옥집에 사는데 왜 나만 아직도 고무신 차림에 차가운 비를 맞으며 서 있나' 하는 열패감을 키워가는 사람이 점점 늘어나고 있음을 이 시대 대중예술의 유행 경향은 명확히 보여준다.

1960년대는 이랬다. 가부장적 질서 속의 행복한 화해로 출발하여 권력이 줄어든 남편의 엄살로 이어지다가, 가족 전체가 삐꺽거리며 가족 내 약자가 신파적 눈물을 쏟는, 1960년대 영화 속 가족의 변화 양상은 많은 것을 생각하게 한다. 특히 패기만만한 젊은 가부장이 이끄는 박정희 정권이 7년을 넘어서면서 나타난 현상이란 점에 주목하면 더욱 그러하다. 1967년은 박정희 정권의 민정 제2기가 출범하는 해였다. 이해부터 한편에서는 〈팔도강산〉(배석인 감독, 1967) 등의 정책 홍보 영화와 〈서울의 찬가〉(길옥윤 작사·작곡, 패티김 노래, 1968) 같은 건전가요를 쏟아내면서 '잘살아 보세'의 희망이 실현되고 있음을 열심히 선전했고, 이러한 정치선전이 상당한 성공을 거두기도 했다. 그러나 다른 한편 사회적 약자의 열패감과 절망감도 점점 커가고 있었음이 확인된다.

그러나 아직 그 열패감은 저항이나 분노로 바뀌지는 않았다. 이들은 그저 눈물만 흘렸다. 멋진 신영균이 연기한 신호는 분명 혼인빙자간음이라는 범죄를 저지른 인물이었음에도 영화에서는 결코 '나쁜 놈'으로 묘사되지 않았고, 극 안에서 몰락하지도 않는다. 관객도 그에게 그리 큰 분노를 터뜨리지 않았을 것이다. 분노하지 않고 늘 다소곳한 본부인과 혜영이 사랑받고 공감받는 캐릭터였다는 것은 이를 짐작하게 한다. 세상은 여전히 가부장제의 남자가 성장하는 시대였고, '을'의 분노와 저항은 아직 대중조차 받아들일 준비가 되어 있지 않았다.

# 익어가는 자본주의, 그 속의 사랑과 결혼

## 4:

# 시장판에 나앉은
# 결혼

## 좋은 사람과
## 좋은 자리

'좋은 자리로 시집갔다(장가갔다)'는 말을 우리는 흔히 쓴다. '좋은 자리'가 도대체 무얼 의미하는지는 설명하기 쉽지 않지만, '좋은 사람'이란 말과 다른 의미임은 분명하다. '취직자리', '벼슬자리'란 말을 생각해볼 때 결혼에서 '좋은 자리'의 '자리'란 말도 이미 사회적 지위와 관계가 이미 결정되어 있는 위치를 의미한다. 한 인간이 또 다른 인간과 결혼하여 새로운 부부와 가족을 이룬다는 것과는 전혀 다른 사고의 소산인 것이다. 즉 누구의 배우자가 아니라 '모 기업체 사장의 맏사위', '일류대학 출신 검사의 사모님', '재벌가 며느리' 따위를 상정하는 발상이다.

'자리'를 보고 결혼을 하는 관행이란 빈부귀천이 있는 세상에서는 늘 있었고, 결혼에서 연애감정 여부가 그다지 중요하지 않았던 전근대에는 더욱 심했을 것이다. 결혼 중매란 '자리'의 성격을 직업·재산·가문·가족관계 등 비교적 객관화된 표현으로 설명할 수 있는 조건을 제시하는 것에서부터 시작하는 셈이니 말이다. 이때 결혼이란 혼처(婚處), 즉 자리의 문제로 환치될 수밖에 없다.

이는 신데렐라 이야기에서도 예외는 아니다. 계층 상승과 진정성 있는 연애·결혼을 동시에 성취하는 신데렐라 이야기란 '좋은 사람'과 '좋은 자리'가 일치하는 곳에 주인공이 성공적으로 입성하는 이야기다. 하지만 전근대의 신데렐라 이야기는 대개 왕자가 한눈에 반해 신데렐라를 선택하면, 신데렐라는 상대방의 성품을 파악하거나 자신의 연애감정을 가늠해보는 과정도 없이 그 선택에 순응하는 내용이 태반이다. 왕자라는 좋은 자리의 인간이 나쁜 사람일 것임을 의심하지 않으며, 그런 좋은 자리의 사람에게 사랑이 생기지 않을 가능성은 없다는 전제가 있는 셈이다. 즉 '좋은 자리'가 '좋은 사람'임을 입증한다는 식이다.

## 결혼 중매가
## 직업이 되는 시대
20세기 초부터 불어 닥친 자유연애 바람은 결혼이 '자리'가 아닌 '사람'의 문제여야 한다는 근대적 자각의 소산이었다. 20세기 전반의 수많은 작품은 '자리'를 기준으로 결정하는 부모 세대와 개인의 연애감정을 중시하는 젊은 세대의 대립을 소재로 삼았다. 부모에 의한 혼사 방해 서사, 즉 부모가 반대하는 결혼을 감행하는 이야기는 아직도 노년층 취향의 아침드라마 등에서는 빈번하게 쓰이고 있다.

그러나 근대 세계의 결혼에서, 꼭 이렇게 한 개인의 진정성 있는 사랑을 바탕으로 가족을 이루는 것만 존재하는 것은 아니다. 근대 자본주의 사회는 신분제도만 사라졌을 뿐 결코 평등한 사회가 아니며, 지위의 높고 낮음이나 빈부의 격차가 고스란히 존재하는 세상이다. 게다가 신분에서 해방된 개인을 노동력이라는 말로 부르며 상품화하고 거래하는 시장 만능의 사회이기도 하다.

이런 세상에서 결혼 중매가 자본주의적인 전문 직종으로 분화하는 것은 시간문제였다. '결혼상담소'와 '마담뚜'의 부상이 그것이다. 1960년대를 거쳐 1970년대로 넘어오면서 만연해진 일이었다.

하지만 이는 사람들에게 적잖은 당혹감을 안겨주는 현상이기도 했다. 이전의 중매가 공동체적 분위기에서 알음알음으로 이루어졌던 것에 반해, 1970년대에 이르러 형성된 큰 규모의 중매시장은 이와는 다른 성격을 띠었기 때문이다. 마치 상품 정보처럼 다량의 정보가 한곳으로 모이고 유통되며, 혼인이 성사되면 마치 부동산 중개처럼 소개비를 주고받는 방식으로 바뀐 것이다. 사람들은 직업적 중매쟁이를 통해 혼처를 상품처럼 선택할 수 있게 되고, 중매쟁이는 거래 성사를 위해 많은 '상품' 정보를 확보하여 학력·재산·외모·직업·가족관계 등 여러 특성을 정리해두었다가 '고객'에게 제시한다. 바야흐로 결혼이 시장바닥에 나앉기 시작한 형국이다. 다른 일도 아닌 결혼 중매가 마치 부동산 중개하듯 이루어지는 현상이야말로 모든 인간적 가치를 물질로 환치하고 거래하는 자본주의적 물신화를 피부로 느끼게 만드는 일이었다.

## 중매시장과
## 결혼상담소

결혼상담소의 첫 시작은 정부의 기획이었다. 일제강점기 말인 1940년
에 식민지 조선의 신문은 일본 후생성에서 국민 체력 향상을 위해 병
약자를 걸러내고 건강한 남녀의 결혼을 장려하는 결혼상담소를 기획
하고 있음을 보도했다. 일제강점기를 휩쓴 우생학을 기반으로 한 국가
기획이었던 셈이다. 광복 후에도 비슷한 기획이 발견된다. 결혼상담소
를 만들어 건강검진 등을 통해 건강한 신체를 가진 사람들을 결혼시킴
으로써 성병을 근절하자는, 지금의 상식으로는 황당한 제안이 신문 등
에 보도되었다.

　실제 결혼상담소가 운영된 것은 전후였다. 전쟁으로 늘어난 상이
군인의 재활을 위해 국방부에서 결혼상담소를 설치했고, 전재(戰災)
미망인 구제 사업을 주로 해오던 사단법인 중앙부인회에서도 결혼상
담소를 설치하여 운영했다.[1] 즉 이 시기까지의 결혼상담소는 전쟁으로
해체되고 깨진 가족을 빠르게 복원하기 위한 일종의 복지 사업이었으
니, 1960년대 이후 결혼시장 성격의 결혼상담소와는 많이 달랐다.

　결혼상담소가 급격히 늘어난 것은 근대화·도시화가 빠르게 진행
된 1960년대 후반으로 보인다. 1960년대 후반에는 서울에만 결혼상
담소가 수백 개나 되며, 버스 정류소 하나를 다 못 가 결혼상담소의 간
판이 보인다고 할 정도가 됐다. 신문 하단의 구인·구직을 알리는 소형
광고에 미끼 광고를 실어 회원을 모집하는 일도 많아졌다. 그러나 당
시 언론은 이들 모두가 잘 운영되는 것은 아니며, 성업 중인 곳은 수십

곳, 그중에서도 인신매매 등과 무관한 믿음직한 곳은 소수라고 보도하고 있다.[2]

    알음알음으로 이루어지는 기존의 중매와 달리 누구에게나 개방된 결혼상담소의 중매는 부작용도 적지 않았다. 어느 집의 가족이 누구며 어떻게 살아온 집안인지 누구나 훤히 알던 소공동체와 달리, 인구가 많은 대도시의 결혼상담소에서는 거짓 정보를 걸러내기가 매우 어려웠기 때문이다. 상담소가 요정·다방 등에서 일하는 여종업원과 짜고 남성 고객을 끌어들이거나, 유부남이 총각 행세를 하여 여성 고객을 만나는 등의 사기 행각이 쉽게 벌어질 수 있었다. 실제로 1967년에는 결혼상담소를 통해 여자를 쉽게 만나 한 달에 32명을 농락한 남자가 검거되기도 했다.

    이쯤 되니 국민의 일상생활의 세세한 부분까지 통제하고자 했던 박정희 정권이 여기에 손을 대지 않을 수 없었다. 1969년 정부는 '가정의례준칙'을 만들고 국민에게 권장했는데, 여기에 결혼상담소에 관한 사항도 포함됐다. 가정의례준칙의 핵심 내용은 혼례·상례·제례 등에서 한문으로 된 축문, 굴건제복, 시묘, 약혼식 등 많은 돈과 인력이 요구되는 복잡한 재래의 관습을 없애고 간소화된 새로운 관습을 제안하고 권장하는 것이다. 오랫동안 뿌리박힌 관습이 빨리 없어지기란 쉽지 않았고 1972년부터는 공무원에게 가정의례준칙 이행을 의무화했다. 10월 유신 이후인 1973년에는 가정의례법률을 개정하고 시행규칙을 만들어 규제를 강화했다. 결혼에서는 함잡이 보내기, 청첩장 배포, 예물 교환 등을 금지했다. 의례가 이루어지는 상업적 시설에 대한 규제도 포함됐다. 네 가지 영업소, 즉 결혼식장, 장례식장, 장의사, 결혼상담소의 시설 기준과 영업자 준수 사항 등을 규정하고, 신고제를 허가제로 바꾸어 상담소 난립에 제동을 걸었다. 허가를 의무화한 네 가지 영업소에 결혼상담소라는 새로운 업종이 포함되어 있다는 것이 흥미롭다. 그만큼 결혼상담소가 늘어났다는 의미일 것이다. 이는 그만큼 결혼상담소가 수요가 있고 이윤이 남는 장사였음을 의미한다.

정부가 일상의 의례를 통제하겠다고 나섰으나 한계는 분명했다. 청첩장과 부고장 배포를 금지한다고 해도 편지로 알리는 것까지 막을 수는 없었다. 중매에서도 마찬가지였다. 결혼상담소를 정부가 통제할 수는 있지만, 영업 허가나 신고도 없이 그저 지인을 연결해준다는 명분으로 움직이는 중매쟁이를 정부가 통제할 방법은 마땅치 않았다. 이미 이 시기에 '마담뚜'는 점점 직업화해가고 있었다.

## 결혼에 계산기를 두드리는
## 사람들

'좋은 자리'를 널리 구하고자 하는 욕망은 중매를 점점 시장의 영역으로 몰고 갔다. 1980년대 초에는 신문 기사에 '배우자 시장'이라는 표현까지 등장하기에 이른다. '밑지는 결혼'이 아닌 '남는 결혼'을 위해서라면 엄청난 중매 비용도 기꺼이 지출할 수 있는 중상류층은 이 혼처 시장을 떠받치는 힘이었다. 박완서의 장편소설 《휘청거리는 오후》(1976)는 이런 현상을 생생하고도 비판적으로 포착해냈다. 교사 출신으로 '소년공 여남은 명 거느린' 공장 주인인 허성의 세 딸이 결혼하는 이야기를 풀어놓은 소설이다.

'집에서 밀어낼 시기가 난숙한' 맏딸 초희는 마담뚜가 중매한 '더러운 부자' 홀아비인 공 회장과 결혼한다. '회장' 직함을 가질 정도의 부자와 결혼을 하긴 했지만 초희는 신데렐라라 할 수 없다. 행복한 결혼을 통해 계층 상승까지 성공하는 것이 신데렐라의 본질일진대, 초희는 계층 상승에는 성공했지만 사랑을 통해 행복한 결혼을 이룬 것은 아니었기 때문이다. 초희는 애초에 결혼에서 진정성 있는 사랑을 기반으로 한 행복 같은 것은 그다지 크게 기대하지 않는다. 둘이 있을 때 고약한 기분이 들더라도 남이 보기에 화려한 결혼 생활이라 칭할 만한 혼인 자리를 원한다. 이런 결혼관을 분명하게 보여주는 것이, 결혼 직전까지 사랑한 애인이 있었다는 설정이다. 애인은 삼류 출판사 사원이다. 초희는 그를 사랑하지 않는 것은 아니지만 삼류 출판사 사원의 아내가 되고 싶지 않아 그와 냉정하게 헤어진다. 사람이 아니라 자리가 싫었던 셈이다. 그리고 그 애인 역시 부잣집 사위 자리를 찾아 장가를 간다.

옛 애인을 버리고 부자 남편을 선택하여 결혼한다는 점에서 초희는 심순애 인물형과 공통점이 많다. 하지만 초희와 심순애는 본질적으로 다르다. 심순애와 달리 초희는 윤리적 죄책감을 느끼지 않는다는 점이 그 차이의 핵심이다. 신파적 인물형인 심순애는 돈과 권력이 지배하는 세상의 질서에 스스로 굴복하여 이를 따라가면서도 한편으로는 그것이 인륜·천륜을 저버리는 행위라고 생각하며, 인륜을 저버렸다는 죄책감과 자신도 어쩔 수 없었다는 피해의식을 동시에 지니며 몰락해간다. 하지만 초희는 다르다. 돈과 권력이 지배하는 자본주의적 근대 세계의 지배 질서를 완전히 내면화한 상태이므로 자신의 결혼에 대해 별다른 죄책감을 갖지 않는다. 초희는 신데렐라가 아닐 뿐만 아니라, 심순애와도 다르다.

이 소설의 예리함은 부모 세대뿐 아니라 청년 세대에까지 이런 결혼관이 만연해 있음을 드러낸 데 있다. 부모 세대가 (反)강압적으로 주도하고 젊은 세대인 딸이 마지못해 이를 따르다가 불행에 빠지는 식의 상투형을 벗어나 있다. 초희는 타인과의 관계에서 '현재 자기가 밑지고 있나 안 밑지고 있나로 관계를 지속할 것인가, 그만둘 것인가를 결정지으면서 살아왔고', 공 회장과의 관계에서도 재산에는 만족했지만 '젊음에서 밑지고 있다는' 계산을 하며 결혼한다. 이런 사고방식에 반감을 가지는 것은 오히려 중년의 남성인 아버지다. 아버지 허성은 시장바닥에 자신을 물건처럼 내놓고 흥정하는 딸이 못마땅하지만, 아내와 딸을 막지 못하고 무력하게 끌려간다. 둘째와 셋째의 혼사도 영악한 돈 계산을 피해갈 수 없었다. 둘째 우희는 사랑하는 애인 민수와 혼전 동침을 하고 결혼을 추진하는데, 가난한 예비 사돈은 노골적으로 경제적 지원을 요구한다. 허성은 결국 집과 혼수를 장만하느라 뼛골이 빠진다. 재산과 지위를 적극적으로 고려하는 결혼관은 젊은 남성이라고 예외가 아니다. 막내딸 말희의 애인 정훈은 애인 미선을 버리고, 미선의 친구인 말희와 연애를 한 상태다. 미선은 집안이 파산해 가난해졌기 때문이다. 정훈은 이런 미선을 '섹스밖에 남지 않은 여자'라 여기고 냉정하게 헤어진다. 말희를 선택한 이유는 간단하다. 약학 전공인 말희가 약사 자격증과 약국이라는 혼수를 갖고 올 것이라 기대했기 때문이다.

결국 말희는 정훈과 헤어진다.

　당시 젊은이가 결혼에 대해 아무런 죄책감 없이 계산기를 두드리는 이런 모습은 다른 작품에서도 그리 어렵지 않게 발견된다. 영화 〈바보들의 행진〉(하길종 감독, 1975)의 여주인공 영자도 동갑내기 병태의 장난스러운 청혼에 "넌 조금 있으면 군대 가야지? 3년 갔다 오면 졸업하구 취직자리 잡으려면 나는 할머니가 돼 있잖아. 울 엄마가 그러는데 여자는 한창 비쌀 때 팔아야 하는 거래. 나는 바겐세일 하고 싶지 않아"라며 자신을 상품화한 사고를 '쿨하게' 드러낸다. 비록 장난스러운 분위기였고, 마지막 장면에서 병태의 입영 열차 창문에 매달려 적극적으로 첫 키스를 감행함으로써 '값'이 아니라 '사랑'을 선택하기는 하지만, 영자의 이 대사는 당시 젊은이에게까지 만연한 물신화된 결혼관을 잘 보여준다.

## 신데렐라맨의
## 꿈은 깨지고

또 다른 방식으로 결혼중매시장을 다룬 조선작의 장편소설《말괄량이 도시》(1977)는 1960년대 중후반을 풍미했던 이른바 청춘영화와 대비해보면 흥미로운 작품이다. 앞서 1960년대 청춘영화는 가난한 남자가 부잣집 딸과 진정성 있는 사랑을 하는 '신데렐라맨'의 이야기임을 설명했다. 조선작의《말괄량이 도시》는 이러한 신데렐라맨의 꿈이 얼마나 허황된 것인지 해학적으로 형상화한다.

　이 소설의 주인공은 시골 출신에다 어수룩하기까지 한 빈털터리 남자다. 그런데 재산과 미모를 갖춘 젊은 과부가 '안전하게 사업을 벌여 나가줄 믿음직한 사업남'을 재혼 상대로 구한다는 허름한 결혼상담소의 광고를 보고, 수중의 돈을 탈탈 털어 소개료를 마련한 후 결혼상담소의 문을 두드린다. 그는 결국 한 여자와 선을 보지만, 그 모든 것이 한눈에 보아도 어설프기 그지없는 사기였다. 그 여자는 결혼상담소의 말과 달리 이런 사기 중매의 하수인 노릇을 호구지책으로 삼아 살아가는 빈털터리다. 그는 소개료를 날린 것은 물론, 자신보다 더 열악한 처지의 그 여자와 얽히게 된다. 사실 상식적으로 생각해봐도 미모와 재산을 가진 젊은 과부가 그토록 허름한 결혼상담소를 통해 신랑감을 구한다는 말 자체가 어불성설이다. 이런 사기에 넘어가는 어수룩한 남자와 허접한 사기극의 공범으로 자신을 내어놓을 정도로 아무것도 가지지 못한 여자의 '웃픈' 행태를, 작가는 해학적 문체로 이죽거리며 풀어놓는다.

　여자든 남자든 자신보다 월등히 높은 계층의 상대자와 진정한 사랑이 있는 결혼에 이르고 계층 상승까지 성공하는 일이란 사실 현실에서는 좀처럼 일어나지 않는다. 그런 점에서 신데렐라 이야기란, 전근대의 설화와 근대 이후 대중예술의 본질이 그러하듯, 리얼리티에 충실한 이야기가 아니라 대중의 욕구·욕망과 사회심리를 반영한 것이다. 현실에서 좀처럼 일어나지 않는 이런 이야기가 특정 시대에 인기를 모은다는 것은 바로 그때가 그러한 욕구·욕망이 마구 상승하는 세상이라는 것을 의미한다. 1960년대를 다루면서 설명했듯이 〈맨발의 청춘〉 같은 1960년대 청춘영화는 이 세상이 아무것도 가지지 못한 남자에게도 계층 상승의 기회가 주어진 곳이라는 낙관적 사회심리, 부자가 이끌고 나가는 자본주의 사회와 그 발전에 대한 긍정의 태도를 당시 대중이 지니고 있었음을 보여준다. 이는 급격한 경제개발의 초입에 있던 1960년대 대중의 태도였다.

그러나 1970년대는 달라졌다. 자본주의적 시스템은 훨씬 더 치밀해졌고 시장의 논리는 소소한 일상생활 곳곳에 자리 잡기 시작했다. 도시화·산업화가 1960년대보다 진전되면서 노동문제, 도시 주거문제 등 온갖 사회문제가 가시화되기 시작한 때가 1970년대다. 이런 세상에서 결혼 중매까지 결혼상담소라는 상업적 시스템 안에 포섭되고, 이런 사회에 재빠르게 적응한 사람들이 혼처 시장의 논리를 빠르게 체화하여 움직였다. 자본주의 시장의 논리란 냉혹하며 혼처 시장도 예외는 아니다. 21세기의 눈으로 보면 이 시대는 그나마 고속 성장이 유지되고 계층 상승의 가능성도 크게 열려 있던 때이기는 하지만, 아직 경제개발의 꿈만 강조되던 1960년대에 비해서는 훨씬 더 현실적인 감각을 갖게 된 때였다. 말하자면 1960년대식 신데렐라맨처럼 손쉽게 계층 상승의 동아줄을 타고 올라가는 일이란 거의 일어나지 않는다는 것, 자본주의 시장의 논리가 결코 호락호락하지 않다는 것을 깨달아가기 시작한 때였다.

## 혼처 시장에는 열정적 사랑도
## 배신의 죄책감도 없다
마담뚜와 결혼상담소를 등장시킨 이들 소설은 1960년대 신데렐라의

박완서의 장편소설《휘청거리는
오후》(1977) 표지. 1970년 40세의 나이에
등단한 소설가 박완서는 '여류'라 불리며
1960년대를 풍미한 여성 소설가와는
다른 시각과 질감으로 당대 사회를
형상화해냈다. 이 소설의 출판사가
창작과비평사라는 사실이 많은 것을
말해준다.

꿈이 이 냉혹한 자본주의 시장의 논리에 비추어 얼마나 허망한 것인가 하는 점을 일깨운다. 상품을 비교하여 구매하는 태도로 결혼에 임하는 데 누가 '밑지는 장사'를 하겠는가.

한편 심순애 식의 신파적 눈물이 깃들 여지도 없다. 세상의 지배적 질서를 이미 완전히 내면화했기 때문이다. 배신의 죄책감 같은 것을 갖지 않고 옛 애인을 버리고 돈을 선택하는 일을 당연하게 받아들이는 자본주의적 인간이 점점 늘어나고 있었고, 그 점에서는 《휘청거리는 오후》 속의 중산층이든 《말괄량이 도시》 속의 하층민이든 그리 다를 바가 없다.

경제성장과 함께 계층 간 격차가 커졌던 1970~1980년대의 대중예술에서는 이렇게 사랑·결혼에서 죄책감 없이 냉철하게 자본주의적 시장의 논리를 흔쾌히 받아들이는 인물이 점점 늘어났다. 그래도 많은 대중예술 작품은 이런 세상에 대한 불편함을 함께 드러냄으로써 대중이 자본주의적 질서에서 받은 상처를 위무하지만, 이제 1960년대의 〈잘살아 보세〉, 〈쥐구멍에도 볕 들 날 있다〉, 〈회전의자〉 같은 노래에서와 같은 순진한 희망은 꺼졌음이 분명해 보인다. 볕이 들 만한 구멍에만 볕이 드는 법이며 회전의자의 임자는 따로 있다는 것을, 사람들은 점차 깨달아가고 있었다.

# 소녀 같은 성매매 여성의
# 시대

## 젊은 취향의
## 대중예술 작품의 경향

1970년대는 결혼이 상품화되어 중매시장에서 거래될 정도로 뻔뻔스러워진 시대였다. 그러나 이와 더불어 이런 현상에 대한 반성이나 비판의 태도가 대중적으로 공감을 얻은 시기이기도 하다. 앞에서 언급한 박완서의《휘청거리는 오후》가 얻은 큰 인기는 이렇게 살아가는 자신들의 뻔뻔스러움에 대한 자성과 비판이 큰 공감을 얻었음을 의미한다.

이미 중년에 들어선 박완서의 날선 비판과 달리, 당시 젊은 취향의 대중예술에서 드러난 자성은 좀 다른 방향이었다.《휘청거리는 오후》가 비판과 자성의 초점을 사실적이고 명쾌하게 드러내는 방식이라면, 젊은 취향의 대중예술이 보여주는 형상은 이런 작품을 즐겼던 당대 젊은이의 사회심리를 징후적으로 보여주고 있다.

1970년대 청년문화 붐 속에서 만들어진 인기작의 상당수가 상품화된 결혼시장에서 배제되거나 이를 의도적으로 거부한 인물에 초점을 맞추었다는 점은 꽤나 흥미롭다. 1973년 최인호의 신문 연재소설로 시작해 엄청난 베스트셀러가 되고, 1974년 이장호 감독의 리메이크 영화로 이어져 한국 영화사의 흥행 기록을 갱신하면서 청년문화의 대표적 작품으로 자리 잡은 《별들의 고향》의 경아가 그 대표적인 인물이다.

첫사랑 남자의 끈질긴 요구에 동침까지 하게 됐으나 이내 버림받고 몇 남자를 거치며 방황한 후 성매매 여성으로 비참하게 죽어간 경아의 이야기는 줄거리만으로는 익숙한 신파적 스토리와 그리 다르지 않다. 그러나 이 시기 최인호의 다른 작품이나 1970년대 청년문화의 세계 인식 등을 두루 살펴보면 그 의미는 분명 다르게 읽힌다.

최인호는 《별들의 고향》에서뿐 아니라 이미 다른 소설에서도 타인을 물건처럼 취급하는 강퍅한 세상에 대한 자성을 드러냈다. 1970년대 최인호의 최고 단편으로 꼽히는 〈타인의 방〉(1971), 〈돌의 초상〉(1978) 등도 그런 작품인데, 사람도 마치 물건처럼 그저 자기 마음이 내킬 때는 소유물인 양 어루만지다가 귀찮아지면 언제든 버리는 세태와 심리를 성찰적으로 그려냈다.

《별들의 고향》의 주인공 경아는 이런 세상에서 뭇 남자의 귀여움을 받다 버려지는 존재다. 첫사랑 애인은 줄기차게 혼전 동침을 요구했고, 경아는 내키지 않았으나 애인이 떠나갈까 봐 결국 동침한다(여성의 이런 고민이 1960년대부터 아주 많은 소설 속 인물의 공통 딜레마임을 이미 이야기했다). 애인은 임신한 경아에게 낙태까지 하도록 만들었지만, 이내 경아를 버리고 다른 여자와 결혼했다. 경아는 어린 딸아이와 사는 점 잖고 부유한 홀아비와 재혼한다. 그러나 그는 전처를 꼭 닮은 경아를 전처의 대체물로 여기는 병적인 심리를 갖고 있었고 결국 낙태 경력을 이유로 경아를 버린다. 이후 경아는 호스티스가 되어 업소를 전전하며, 여자의 몸에 담뱃불로 낙인을 찍어 소유물임을 확인하는 폭력적인 남 자에게 잡혀 있다가 도망치기를 거듭한다. 작품의 화자(話者)인 화가 문오(영화에서는 신성일 분)도 따지고 보자면 쉽게 사랑하고 버리는 여느 남자와 크게 다르지 않은 인물이다. 소녀처럼 순수한 경아에게 매력을 느껴 사랑하고 동거까지 하게 되지만, 알코올의존증과 옛 남자의 스토 킹에 시달리는 경아에게 지친다. 그리고 이를 알아챈 경아는 스스로 문오를 떠난다. 몇 년 후 경아는 떠돌이 성매매 여성이 되어 형편없이 망가진 몸으로 문오와 재회하고 오랜만에 동침한다. 그리고 경아가 예 상했듯이 문오는 새벽에 일찍 혼자 떠난다. 마치 길에서 예쁜 돌멩이 를 주워오듯 버림받은 노인을 불쌍하다는 생각에 쉽게 집에 들였지만, 결국 귀찮아지자 견디지 못하고 다시 길에 버리는 〈돌의 초상〉의 주인 공과 다르지 않다.

## 왜 성매매 여성인가

대중예술에서 이런 인물은 대개 성매매 여성을 비롯한 유흥업소 여종 업원으로 설정됐다. 영화계에서는 아예 '호스티스 영화'라는 말이 용 어화될 정도로 1970년대부터 1980년대 중반까지 이런 소재의 작품이 넘쳐났다. 이 중 많은 작품이 1960년대 후반부터 시작된 성에 대한 높은 관심이 발현된 '벗는 영화'로서의 기능을 주로 하고 있었음을 부인할 수 없다. 그러나 아직 청년문화 분위기가 유지되던 1970년대의 작품에서 등장하는 성매매 여성 주인공과 그 이미지는 좀 더 눈여겨볼 여지가 있다. 〈별들의 고향〉뿐 아니라, 〈영자의 전성시대〉(김호선 감독, 1975), 〈삼포 가는 길〉(이만희 감독, 1975), 〈왕십리〉(임권택 감독, 1978) 등 1970년대를 대표하는 수작들이 모두 성매매 여성을 중요한 인물로 설정하고 있는데, 이를 단순히 성애에 대한 관심이라고만 치부할 수는 없기 때문이다.

한국 대중예술에서 성매매 여성(준성매매 여성을 포함한) 캐릭터는 늘 있었다. 기생, 카페 여급, 다방 레지, 댄서, 대폿집 작부, 호스티스 등 시대에 따라 조금씩 직업의 변화가 있긴 했지만, 남성을 상대로 웃음과 성적 서비스를 제공하는 직업의 여성이란 점에서는 크게 다르지 않다. 이런 여성 캐릭터가 계속 양산되는 현상에 대해서는 따로 논의해 볼 만한 일이나, 이 지면에서 본격적으로 다룰 일은 아니다. 이 책에서 관심을 두는 지점은 성매매 여성 캐릭터가 꾸준히 존재해오면서도 이들을 다루는 방식이 시대에 따라 꽤 달라지는 현상이다. 20세기 전반에 유행했던 신파적 작품에서는 '기생인 게 죄'라는 식으로 자학·자기 연민의 근거와 직결되는 설정이 흔했다. 그런데 신파성이 약화하는 1970년대 대중예술에 이르러 그 의미는 꽤 달라진다.

앞서 거론한 1970년대 영화 속의 성매매 여성은 화려하고 강한 세상에서 밀려난 순수하고 약한 존재로 의미화된다. 시장바닥으로 나왔다고 비판받는 당시의 결혼 행태와 비추어보면 그 의미는 더욱 뚜렷해진다. 성매매 여성이란 혼처를 거래하는 타락한 결혼시장에서 애초부터 배제된 약자이기 때문이다. 바로 그런 점에서 물신화된 세상에 아무런 지분을 갖지 않은 순수한 존재로 의미화할 수 있게 되는 것이다.

그런 순수함을 강조하기 위해 이 시대 성매매 여성은 소녀다움을 간직한 인물로 형상화된다. 영화 〈별들의 고향〉 속의 경아는 이를 단적으로 보여준다. 경아는 주인공 문오를 '아저씨'라고 부르며 천진난만한 소녀처럼 버릇없이 행동하고 눈을 동그랗게 뜨며 놀란 표정을 짓기도 하며 어린아이처럼 길거리에서 남의 눈치 보지 않고 큰 소리로 엉엉 울기도 한다. 당시 유행하던 못난이 인형을 안고 다니고 놀이터 그네에 앉아 있기를 즐긴다. 심지어 문오의 아파트에 오자마자 아무렇지도 않게 샤워부터 하는 행태조차 유혹적이라기보다는 천진하게 느껴질 정도다.

경아의 이런 면모는 농염하거나 청승스러운 이전 시대 성매매 여성 캐릭터와는 아주 큰 차별성을 지니는데, 이 점이야말로 문오를 비롯하여 이 시대 젊은 대중이 가장 매력을 느낀 지점이었을 것이다. 일부러 남자를 유혹하지 않고 별 계산 없이 행동하는 천진난만함이야말로 결혼에 이해득실의 계산을 당연시하는 세인의 타락한 행태와 대조되는 지점이다.

이런 형상화는 그 이전 시대 '기생인 게 죄'라고 탄식하는 청승스러운 신파적 인물과는 확실히 다르다. 그뿐만 아니라 1966년의 인기 신문 소설인 이호철의 《서울은 만원이다》 속의 성매매 여성과도 다르다. 《서울은 만원이다》의 성매매 여성은 요지경 속이나 다를 바 없는 대도시 서울의 세태를 구성하는 한 부분으로 그려내고 있을 뿐 때 문지 않은 순수의 의미는 갖고 있지 않다. 1970년대 대중예술이 보여준 이러한 변화는 당연히 현실 속의 성매매 여성이 달라졌다기보다는, 성매매 여성에 대한 의미 부여가 달라진 것이라 보아야 한다. 말하자면 이런 형상화는 1970년대 청년문화의 흐름 속에서 나타난 독특한 설정이라는 것이다. 이런 형상화 경향이 소설이나 영화뿐 아니라 동시대 청년문화에서 중요한 영역을 차지하고 있던 포크송에서도 동일하게 나타난다는 점은 특별히 주목할 만하다. 1970년대 포크송은 '이슬', '하얀 조가비', '작은 새', '맑은 눈', '작은 고래', '작은 집', '작은 배', '돌멩이', '소년', '소녀', '가난한 마음' 등 맑고 깨끗하고 어리고 약하고 가난하고 때 묻지 않고 소박한 것을 자주 그려냈다. 이는 강하고 화려하고 부유한 것만 중요하다고 여기는 세상이 얼마나 속물적인지 일깨워주는 것인 셈이다. 그런 점에서 천진난만한 소녀 같은 성매매 여성 캐릭터는 타락한 세상 속에서 순수함을 간직한 구원의 여성, 성녀(聖女)로까지 의미화될 수 있는 것이다.

## 경아 그리고 여배우

성매매 여성에 대한 의미 부여의 변화에 따라 영화 속에서 성매매 여성을 연기하는 여배우의 이미지도 크게 변화했다. 1950~1960년대 영화 속의 기생이나 다방 마담 등은 성숙한 아름다움, 살짝 포동포동한 얼굴과 몸매에서 풍기는 관능미, 요염함, 청승스러움이 결합된 배우가 맡았다. 김지미는 이를 표현할 최적의 배우였고, 윤인자와 전계현 역시 이에 적합한 이미지를 가진 배우로 마담 역의 단골 출연자였다.

그런데 영화 〈별들의 고향〉을 계기로 이런 역을 맡는 여배우의 이미지가 크게 달라졌다. 청승스럽고 원숙한 관능미를 지닌 이미지에서 철들지 않은 소녀 이미지로 바뀐 것이다. 영화 〈별들의 고향〉 경아 역의 안인숙, 영화 〈왕십리〉 윤애 역의 전영선은 '꼬맹이' 시절부터 관객의 눈에 익은 아역 스타 출신이다. 전영선은 영화 〈사랑방 손님과 어머니〉에서 "나는 금년 여섯 살 난 처녀애입니다", "엄마는 거짓부렁쟁이" 같은 대사를 똑 부러지게 소화하며 양미간을 찌푸린 연기를 잘 해낸 배우로, 이후 수많은 작품에서 아역배우로 맹활약했다. 안인숙은 동양방송 전속 탤런트로 수많은 TV드라마와 영화에서 아역과 소녀 역을 맡아, 평생 갈래머리 여학생일 듯한 이미지를 지닌 배우였다. 영화 〈삼포 가는 길〉에서 '내 배 위로 남자들 사단 병력이 지나갔다'며 위악(僞惡)을 떠는 백화 역의 문숙도, 이전에는 주로 여학생 혹은 소녀 역을 연기하던 배우였다. 이 배우들이 지녀왔던 소녀 이미지는 영화에서 성매매 여성을 연기하면서도 고스란히 남아 있다.

살집 없이 삐쩍 마른 몸에 어린애 같은 동그란 눈, 감정 표현이 솔직하게 바로 드러나는 깜찍한 표정을 잘 짓고, 귀엽게 토라졌다가 바로 까르르 웃으며 장난치는 행동 등은 이전 영화 속의 기생이나 다방 마담 등 화류계 여성 이미지와는 너무도 다르다. 이런 여배우를 캐스팅한 것은 다분히 의도적인 것으로, 성매매 여성에 대해 1960년대까지와 다른 의미 부여를 하고 있음을 말해준다. 이후 이영옥, 정윤희 등 소녀 이미지 여배우가 줄을 이었다. 안인숙과 아주 비슷한 얼굴의 이

영옥은 영화 〈바보들의 행진〉의 여대생 영자 역으로 데뷔한 배우로 또 랑또랑하고 귀여운 소녀 이미지를 지녔고, 정윤희는 어리바리한 표정 과 연기로 청년문화에서 추구한 때 묻지 않은 순수함을 구현하는 배우 였다. 심지어 이들과는 매우 다른 분위기를 지닌 배우 장미희조차 영 화 〈별들의 고향(속)〉(하길종 감독, 1978)과 〈겨울여자〉(김호선 감독, 1977) 의 전반부에서는 깜찍한 소녀 분위기를 풍겼다. 이런 이미지가 계속 이어진 것은 이 시대 대중과 창작자가 이런 이미지를 좋아했기 때문 이라 보아야 한다. 1970년대 젊은 대중은 기성세대가 주조해놓은 타 락한 세상에서 여전히 때 묻지 않은 순수함을 간직한 이미지를 원했던 것이다.

## 결혼시장을 거부한
## 엘리트 여성

결혼시장에서 튕겨져 나온 또 다른 여성 인물형은 자발적으로 이를 거 부한 엘리트 여성이다. 소설 《겨울여자》(조해일, 1976)의 이화, 《도시의 사냥꾼》(최인호, 1977)의 승혜가 그런 부류다. 목사 집안이라는 승혜의 배경과 부유한 남편의 결합은 결혼시장의 논리로 보자면 꽤 그럴듯하 다. 그러나 목사 아버지는 위선적이며 권위적·폭압적이었고, 부유한 남편은 신혼여행에서부터 자기 이익과 찰나적 욕망에만 집착하는 사 이코패스의 모습을 보여준다. 기성세대가 만들어놓고 속물적인 젊은 이가 점점 심화시킨 이 세상의 비인간적 지배 질서에 견디지 못한 승 혜는 결국 이로부터 도망친다. 그리고 자신처럼 세상에서 상처받은 순수한 남자와 불륜의 사랑을 하고 이로써 감당해야 하는 모든 수모와 고통을 기꺼이 받아낸다. 승혜의 불륜은 일시적 일탈로 시작했으나 궁극적으로 신념 있는 선택이 됐다.

《겨울여자》 속의 이화는 승혜보다 훨씬 더 적극적으로 행동하는 인물인데, 그래서 현실적 개연성으로부터는 한참 멀어진 인물이다. 여대생 이화는 몇 번의 연애를 겪으며 일부일처제의 결혼과 그로 이루어진 가족제도야말로 인간 이기심의 기반이라는 깨달음을 갖게 되고, 자신의 재산과 노동력은 물론 성(性)까지 원하는 사람에게 아낌없이 내어준다. 이화의 이런 보살 같은(그런 점에서 전혀 인간 같지 않은) 행동은 보시받은 사람들에게 자성과 깨달음의 계기를 만들어준다. 개연성의 측면에서 보자면 어불성설이고 납득하기 힘든 인물이지만, 많은 남자와 성관계를 가짐으로써 그 남자들을 만족시키고 보살피며 나아가 깨달음까지 갖도록 만드는 이러한 여성 인물은 1970년대에 활동했거나 이 시대에 청년기를 보낸 남성 작가의 작품에서 자주 발견된다. 황석영의 단편소설 〈몰개월의 새〉(1976)가 그런 대표적인 작품이다. 이 세대의 작가들이 나이가 들어서 쓴 작품에도 이런 인물형은 계속 등장한다. 1990년대에 발표된 송기원의 단편소설 〈늙은 창녀의 노래〉(1995)와 이윤택이 쓰고 연출한 연극 〈바보각시〉(1993)에서는 '살 보시'하는 보살로서의 의미를 훨씬 강하고 적극적으로 부여한다. 즉 1970년대에 싹튼 성매매 여성이자 성녀라는 여성 인물형이 1990년대까지 이르고 있음을 생각하면,《겨울여자》의 중요성이 단지 높은 판매 부수에만 있는 것은 아님이 분명하다. 이 시대 청년 남성 작가가 공유한 독특한 사고의 소산으로 보아야 할 것이다.

## 신데렐라와는 너무도
## 머나먼

이 시대 대중예술이 만들어낸 여성 인물이 이러하니 도대체 신데렐라 이야기는 끼어들 틈이 없다. 중상류층 출신이면서 돈·권력이 보장되는 혼처를 과감하게 기꺼이 포기한 이화나 승혜는 말할 것도 없거니와, 경아 같은 성매매 여성 인물도 신데렐라와는 너무도 거리가 멀다. 가장 낮은 곳에서 살아가는 소녀처럼 순수한 영혼을 간직한 성매매 여성이 상류층은 고사하고라도 중산층 정도의 남자와 결혼에 성공하는 줄거리를 만들어놓는다면 신데렐라 이야기가 성립될까? 이러한 가정은 애초부터 가당찮다. 왜냐하면 이 시대 대중예술이 만들어낸 소녀·성녀인 성매매 여성이라는 설정 자체가, 신데렐라 이야기의 왕자가 가진 돈·권력을 타락하고 오염된 속물적 세상의 핵심으로 보기 때문이다. 강하고 부유하고 화려한 것을 좋아하고 자신의 이해득실을 따지면서, 약하고 가난하고 소박하며 순수한 존재에 대해 진정으로 공감하지 못하고 그들을 이용해먹으며 고통에 빠뜨리는 것이 당연시되는 속물적이고 강퍅한 세상에서, 강자인 부자 남자와 결혼하는 여자란 사랑의 진정성 여부와 무관하게 이미 순수함을 상실한 존재로 의미화된다. 성매매 여성을 순수함은 물론 성스러움까지 지닌 존재로 설정한 것은 그들이 이 세상에서 가장 낮은 존재, 이 타락한 세상에서 어떤 혜택도 받지 못하는 존재이기 때문이었다.

조해일의 동명 베스트셀러를 영화화하여 한국 영화사의 흥행 기록을
갈아치운 〈겨울여자〉(김호선 감독, 1977)의 포스터. 한국영상자료원 소장

그러니 애초부터 이 인물형이란 사랑과 계층 상승을 동시에 성취하는 신데렐라형과는 거리가 먼 존재인 것이다. 신데렐라 이야기는 1970년대 대중예술의 최신 인기 경향에서는 설 자리가 없었다.

그리고 이는 이 시대의 새로운 대중예술의 향유자가 그 사회에 대한 신뢰를 갖지 못했다는 의미이기도 하다. 이 시대의 지배 질서와 이를 유지하는 지배층에 대한 신뢰가 있고, 착하고 진정성 있는 마음을 지니고 살면 자신에게도 행복의 기회가 온다는 희망이 있을 때에만 신데렐라 이야기가 인기를 얻는데, 1970년대 대중예술의 수용자에게는 그러한 신뢰와 희망이 없었다는 뜻이다. 그 사회에서 부와 권력을 가지는 것이 바람직하게 느껴지지 않으며 오히려 부끄럽고 반성할 일이라고 생각하는 새로운 태도가 젊은 대중에게 확산되고 있었음을 의미한다.

식민지와 전쟁을 거치며 강하고 부유하게 살아남는 것 자체가 목표였던 기성세대는 자녀 세대에게 부유하고 강한 모습으로 살기를 원했다. 하지만 기성세대가 만들어놓은 천박한 자본주의적 세상에서 살아가는 젊은이의 사회심리는 단순하지 않았다. 한편으로는 시장 논리를 체화하여 뻔뻔스럽도록 매끈하게 유불리를 따져 처신함으로써 기성세대조차 기함하게 만들었지만, 다른 한편으로는 이에 반발하며 연애와 결혼마저 상품화하는 세상에 대한 환멸을 독특한 감수성으로 드러내고 있었다. 이기심 넘치는 결혼·가족의 틀에서 배제됐거나 스스로 벗어난 여자에 대해 다소 과도하고 비현실적인 의미 부여를 할 정도로, 그들은 기성세대가 만들어놓은 세상의 속물스러움을 싫어했던 것이다.

# 상처 깊은 왕자는
# 신데렐라를 거두지 못했다

**이장호 감독이 보여준**
**신데렐라 이야기의 비현실성**

도대체 한국 대중예술에서 신데렐라를 만나기가 왜 이토록 힘들까 싶다. 앞에서부터 계속 확인했듯이 우리나라 대중예술에서는 전형적인 신데렐라 이야기가 오랫동안 나타나지 않았다. 결혼을 통한 계층 상승 이야기는 돈을 좇아 애인을 배신하는 심순애 유형이 오랫동안 주를 이루다가, 경제성장이 시작되던 1960년대 영화에서 잠깐 '남자 신데렐라'가 유행하면서 가난하고 젊은 남자의 계층 상승 희망을 드러내는 경향으로 흘렀다. 그러다 1970년대에는 중매시장이 형성될 정도로 부·학벌을 갖춘 중상류층 젊은이가 늘어나기 시작했다. 이쯤 되면 이런 남자와 결혼하는 신데렐라가 작품에 나타날 법하건만, 앞서 살펴보았듯이 현실은 그렇지 못했다. 오히려 결혼시장에서 배제되거나 스스로 여기에서 벗어난 여성 인물형이 인기의 중심을 차지했다. 남성 인물 역시 신데렐라 이야기에서 벗어나기는 마찬가지였다. 조선작의《말괄량이 도시》가 보여주듯, 1960년대 청춘영화에서 보여준 신데렐라 맨의 꿈은 비현실적인 허상임이 점점 분명해지고 있었다.

1974년 데뷔작인 영화 〈별들의 고향〉으로 한국 영화사의 흥행 기록을 갈아치운 이장호 감독은 1970년대 후반을 대마초 사건으로 활동이 중지된 상태로 보내다가 1980년대에 사회비판적 영화로 제2의 전성기를 구가한다. 그중 내용과 형식에서 모두 파격적이나 흥행은 실패한 '저주받은 걸작' 〈바보선언〉(1984)에 신데렐라 꿈의 허망함을 희극적으로 보여주는 대목이 있다. 지체장애인이자 부랑자인 똥칠(김명곤 분)은 이화여대 앞에서 여자들을 훔쳐보다 여대생으로 보이는 혜영(이보희 분)을 택시로 납치한다. 택시운전사와 공모로 일을 벌인 것인데, 마취제를 사용하여 납치하는 과정에서 실수로 혜영과 똥칠이 모두 깊은 잠에 빠진다. 이들은 각각 꿈을 꾸는데, 이 두 꿈이 모두 신데렐라 이야기다. 똥칠의 꿈은 혜영을 호텔로 데려가 강간하여 임신을 시키고 결혼한 후 장인의 기업체를 물려받아 왕처럼 호강하며 사는 것이다. 전형적인 남자 신데렐라의 꿈이다. 혜영의 꿈은 언뜻 보기에는 평범한 상류층의 행복한 결혼 생활처럼 보인다. 큰 목욕수건을 몸에 두른 채 포동포동한 두 아이와 남편에게 수없이 뽀뽀를 하고, 잔디 깔린 양옥집 정원에 그릴을 펼쳐놓고 고기를 구우며 가든파티를 한다. 일요일에는 온 가족이 자가용을 타고 큰 교회에 가서 예배를 드리고 교회당 앞에서 구걸하는 똥칠 같은 거지에게 적선한다. 혜영이 꿈꾸는 삶은 이런 것이다. 그런데 혜영과 똥칠이 마취에서 깨어난 후 혜영의 정체가 밝혀진다. 혜영은 여대생이 아니라 성매매 여성으로, 여대생처럼 차려입고 대학 근처를 배회하는 가짜 대학생이었다. 그러니 결국 혜영의 꿈 역시 본질은 신데렐라 이야기다. 하지만 혜영과 똥칠의 현실에서 이런 꿈은 그저 잠결에나 만날 수 있는 개꿈일 뿐이다.

1980년대 중반에 제작된 이 영화는 신데렐라의 비현실성을 아주 당연하다는 듯이 풍자와 해학을 뒤섞어 유쾌하게 형상화하고 있다. 그러나 1970년대에 인기를 모은 영화에서는 살짝 기대감을 보인 신데렐라 꿈이 완전히 좌절된 후 비참한 결말로 종결짓는 내용이 꽤 유행했다. 〈내가 버린 여자〉(정소영 감독, 1977) 등 많은 영화 속 여주인공은 잠시 부자와의 꿈같은 신혼생활로 불행한 과거에서 탈출하는 듯 보인다. 하지만 결국 그들의 '과거'가 빌미가 되어 몰락한다. 영화 〈별들의 고향〉 속의 경아가 부잣집 재취가 됐다가 쫓겨나는 것과 흡사하다. 애초부터 이들 여주인공은 임신이나 화류계 경력을 속인 상태여서 신데렐라가 되기엔 많은 결격 사유를 갖고 있으며, 신데렐라와 심순애와 홍도 인물형을 뒤섞어놓은 듯한 유형이라 할 수 있다. 신데렐라 이야기의 행복한 결말은 기대하기 힘든 설정인 셈이다.

남성 인물형도 전형적인 신데렐라 이야기에서는 다소 벗어나 있다. 이런 영화 속의 부자 남자는 대개 '왕자님'이라는 말에서 연상되는 젊은 청년이 아니라, 결혼 경험이 있는 중후한 중년으로 설정되어 있기 때문이다(영화에서 이런 인물은 40대의 윤일봉이 연기하는 경우가 많았고, 주인공 여배우와 거의 15년 이상 나이 차이가 난다). 어디로 튈지 알 수 없는 발랄한 소녀 이미지의 밑바닥 여자가 삼촌뻘 나이의 부자 남자에게 귀여움을 받으며 호화로운 집의 안주인이 된다는 설정은 수용자에게 적잖은 불안감을 느끼게 한다. 둘의 행복한 결혼 생활을 예상하기가 쉽지 않으니 조만간 파국에 이를 것처럼 느껴지는 것이다. 옛이야기에서처럼 오래오래 행복하게 살기엔 두 남녀가 세대나 계층 면에서 모두 심하게 다른 생활방식을 지니고 있다. 중년의 부자 남자가 나이 어린 철부지 밑바닥 여성을 진정으로 이해하며 동반자로서 함께 생활하기란 거의 불가능해 보인다.

## 내면의 상처를 지닌
## 왕자님

이쯤 되면 좀 궁금해진다. 도대체 이 시대의 젊은 '왕자님'은 어디에서 뭘 하고 있었기에 작품 속 커플들이 이 모양일까? 물론 이 시대 대중예술에도 부잣집 젊은 남자가 주인공으로 설정된 작품이 적지 않다. 그런데 이러한 작품에서조차 전형적인 신데렐라 이야기가 나타나지 않는다는 점은 흥미롭다. 가난한 여주인공과 부잣집 청년의 사랑을 그린 김수현의 《상처》(1978), 박범신의 《죽음보다 깊은 잠》(1979), 《미지의 흰 새》(1979), 문순태의 《걸어서 하늘까지》(1980) 등 1970년대의 인기 장편소설을 살펴보면, 전형적인 신데렐라 이야기에서 상당히 벗어나 있음을 쉽게 알 수 있다.

이들 작품의 남자 주인공은 '왕자님'으로서의 충분한 재력을 지녔다. 그러나 이 부잣집 아들들은 내면의 상처가 깊은데, 상처의 근원에는 부도덕하고 권위적인 부모가 있다. 부모는 부동산 투기로 돈을 벌고 불륜과 성범죄를 일삼는 속물이며, 힘과 돈을 앞세우며 자녀를 찍어 누른다. 젊은 남자 주인공은 이런 부모 세대의 타락한 세상에서 상처받은 감수성 예민한 청년이다.

물론 그 양상은 작품마다 다양하다. 자신보다 나이가 어린 새어머니에 대해 '이번 새어머니는 퍽 고상하네'라고 품평하는 '상상 불가 콩가루 집안'의 장남으로 자신을 파괴하는 위악적 인물(《상처》), 혼외자로 태어나 아버지에게 복수하려다 몰락하는 인물(《죽음보다 깊은 잠》), 재수·삼수를 거듭하는 자신에게 매몰찬 아버지 때문에 방황하는 인물(《미지의 흰 새》), '날라리'지만 '멘털'은 튼튼해서 겉으로 보기에는 제법 신데렐라의 왕자님이 될 것처럼 보이기도 하는 인물(《걸어서 하늘까지》)까지 상당히 다양하다. 이런 차이에도 이들 남자 주인공은 부모 세대에 대한 심한 환멸과 분노를 지니고 있다는 점에서 공통적이다. 이는 최인호의 《내 마음의 풍차》, 《도시의 사냥꾼》 등 이 시대 인기 대중소설에서 나타나는 청년 인물의 특성이기도 하다.

그러니 이 시대의 부자 청년이 신데렐라의 왕자가 되기란 쉽지 않다. 이들은 자기 상처에 짓눌려 신데렐라를 구원해줄 여유가 없어 보인다. 사랑하는 여자를 행복하게 해주기는커녕 가학과 자학, 충동적이고 파괴적인 행동으로 여주인공을 비롯한 주변 사람을 고통에 빠뜨린다.

이들에게는 속물적인 기성세대의 세상에서 왕으로 성장한다는 것이 결코 아름답고 행복한 일이 될 수 없다. 아버지처럼 되고 싶지 않으며 아버지 세대가 만들어놓은 세상의 질서에 순응하며 살고 싶지 않기 때문이다. 이들 인물의 대부분은 그럴듯한(기성세대의 기준으로 볼 때) 부와 명예를 갖춘 어른으로 성장하기를 스스로 거부한다. 아버지가 구축해놓은 부와 권력을 물려받아야 가난한 신데렐라를 구원해줄 왕자가 될 터인데, 이 남자들은 그것을 환멸하고 있으니 애초부터 신데렐라를 구원할 왕자가 될 수가 없는 것이다.《죽음보다 깊은 잠》의 경민이 그나마 청년 사업가로 성장하는 인물이지만, 마음속 깊이 부모를 향한 강한 복수심을 감추고 있어 내면의 성숙함은 지니지 못했다. 그 역시 자신이 그토록 혐오했던 부모 세대와 다름없는 행태를 보이며 타락하고 만다. 부모 세대의 기준에서 성공한 사업가라면 부모 세대와 마찬가지로 결코 아름답거나 바람직할 수 없다는 사고를 드러내는 설정인 셈이다. 이들 남자 주인공의 모습은 기성세대의 질서를 온존한 채 그들의 세상에서 승자가 되고 어른이 되는 일이 결코 아름다울 수 없다고 생각하는 당시 수용자 대중의 사회심리를 보여준다. 이 시기 결혼 시장에 구혼자가 만연했던 현상으로 미루어보아 젊은 세대가 경제성장을 부정하지 않으며 부자를 부러워하기도 하는 듯 보이지만, 부자(혹은 부를 추구하며 산 부모 세대)를 결코 아름답다고 여기지는 않는다고 보는 것이 타당하다.

## 김수현의《상처》가 보여주는 흥미로운 지점

부잣집 출신 젊은 남자 주인공과 결혼하고 싶어 하는 여성 인물형의 설정도 주목할 만하다. 남자 주인공이 중심인 작품에서는 여성 인물이 돈·권력을 보고 남자에게 접근하며 결국 배신하는 인물로 설정된 경우가 많다. 과거 애인과의 동거 경험, 가짜 대학생, 소매치기 등 어두운 자신의 본 모습을 감춘 채 부자 남자와 연애를 하는 것이다. 이런 여자는 가뜩이나 부모 세대가 만들어놓은 세상에 환멸을 느끼는 젊은 남자 주인공에게 더욱 깊은 상처를 주는 존재다. 그런데 이 설정은 상당히 익숙하다. 여주인공을 거짓·배신의 결함을 지닌 인물로 설정해온 오래된 관행이 여전히 유지된다고도 볼 수 있기 때문이다. 단《장한몽》에서는 심순애 때문에 상처를 입는 쪽이 돈이 없어 버림받는 이수일이었다면, 1970년대의 작품에서는 그 상처가 부잣집 남자에게도 치명상을 입힌다는 점에서 다소 차이가 있다. 그러나 급격한 계층 상승을 비윤리적인 것으로 여기는 태도라는 점에서는 크게 다르지 않다.

이에 비해 여성 인물이 중심이 된 여성 작가의 작품에서는 상당히 다르게 설정되어 있음이 흥미롭다. 김수현의《상처》가 대표적이다. 잘 알다시피 김수현은 1968년 문화방송의 라디오드라마 공모 당선작〈저 눈밭에 사슴이〉로 데뷔하여 2000년대까지 쉬지 않고 활동해온 한국 방송드라마사의 최고 작가다. 그런데 김수현은 1970~1980년대에는 소설로도 다수의 히트작을 낸 인기 소설가이기도 했다. 특히 최인호·박범신 등 주로 남성 작가가 연애소설에서 인기를 누리던 1970~1980년대에 두각을 나타내기 시작하여 오랫동안 살아남은 여성 작가란 점에서 그 중요성이 크다.《상처》는 김수현의 첫 장편소설이다. 심의를 의식할 수밖에 없는 방송드라마와 달리(1970년대 김수현의 드라마 여러 편이 심의에서 문제가 됐고 〈청춘의 덫〉은 방송 중단에 이르렀음을 생각해보자) 오로지 독자만을 의식하고 집필했을 이 소설에서는 김수현의 특성이 두드러지고 장점 역시 빛을 발한다.

《상처》는 아버지가 계속 젊은 새어머니를 들이는 부잣집에 한 여대생이 입주 가정교사로 들어가 그 집의 아들과 연애를 하게 된다는 내용의 작품이다. '상상 불가 콩가루 집안'과 입주 가정교사란 설정은 1960년 김기팔의 라디오드라마 〈해바라기 가족〉과 아주 흡사하다. 그런데 〈해바라기 가족〉은 문제의 근원인 아버지가 죽는 것을 계기로 장남이 방황을 끝내고 집안을 수습하는 것으로 결말을 맺는다. 학생이 주도하여 부패한 기성세대를 몰아낸 4·19 전후의 희망적인 사회심리가 읽힌다. 그러나 1970년대 후반의 《상처》는 다르다. 아버지 세대는 몰락하지 않으며 상처 입은 청년이 서로에게 상처를 입히며 사랑하다가 몰락한다. 다분히 1970년대적인 서사다.

그럼에도 이 작품은 동시대 남성 작가의 것과 큰 차이를 보인다. 박범신·문순태의 작품이 여주인공의 거짓·배신이라는 익숙한 코드에 여전히 기대고 있는 것에 비해, 《상처》의 여주인공 하영은 거짓말을 하지 않고 자존심과 의지도 매우 강한 인물이다. 이런 젊은 여주인공을 이 작품은 매우 입체적이고 섬세하게 그려낸다. 주인공에 대한 입체적이고 섬세한 형상화라는 점에서는 동시대 어떤 작가와 비교해봐도 뒤지지 않을 정도다. 여성의 배신과 거짓을 파국의 원인으로 흔히 설정하는 남성 작가와 다른, 확실히 여성 작가의 특장을 보여주는 지점이다.

비빌 언덕 없이 힘겹게 대학까지 와 입주 가정교사가 된 여주인공 하영은 자신보다 더 깊은 상처를 지녀 스스로 몰락의 길로 걸어 들어가는 주인집 아들 기훈에게 매료되고 사랑에 빠진다. 하지만 기훈은 하영을 돌봐줄 정신적 여유가 없다. 오히려 위악적인 태도로 하영을 괴롭히는 '나쁜 남자'다. 결국 하영은 기훈에게 버림받는다. 즉 기훈은 앞서 설명한 대로 부자지만 신데렐라를 구원해줄 능력과 태도를 아직 갖추지 못한 남자의 전형이다.

그런데 이 작품에는 독특한 젊은 남성 인물이 하나 더 있다. 오로지 하영만을 바라보고 도와주는 착실한 부잣집 아들 재민이다. 그는 하영이 기훈을 진정으로 사랑하고 있음을 다 알고 있음에도 기훈에게 상처받은 하영을 위로해주고 위기 때마다 달려와 도움을 준다(같은 작가의 1987년 TV드라마 〈사랑과 야망〉에서 강한 성격의 남자 태준을 사랑하며 상처받는 여주인공 미자를 계속 위로해주고 도와주는 착한 부잣집 아들 홍조를 연상시킨다). 이것이 단순한 우정을 넘어선 사랑임을 하영도 알고 있지만, 끝까지 재민의 사랑을 받아주지 못한다.

그런데 만약 재민과 결혼했다면 하영은 신데렐라일 수 있을까? 그리 쉽게 신데렐라가 되지는 않았을 것이다. 재민처럼 부모 세대에게 반항하지 않는 착실한 남자와의 결혼이란 기성세대 중심의 가족 질서로 완전히 편입됨을 의미하기 때문이다. 그건 행복한 신데렐라가 아니라 고생스러운 며느리이자 인고의 조강지처가 되는 길이기 십상이다. 그런 점에서 재민 역시 신데렐라를 구원해줄 능력과 태도를 갖춘 왕자라고 보기 힘들다. 그러므로 이는 재민의 결함 때문이라기보다는 세상의 결함 때문이다. (기성세대가 이룩한 경제성장의 성과를 충분히 긍정하기 시작한 1980년대 후반 이후 김수현의 작품에서는 1987년 〈사랑과 야망〉, 1999년 버전의 〈청춘의 덫〉에서 보이듯, 가난한 여자가 부잣집 며느리가 되어 시부모의 사랑까지 받으며 행복한 결혼 생활을 영위하는 내용을 담아냈다는 점에서 이 시기의 작품과 상당한 차이를 보여준다.) 기성세대가 만들어놓은 그 시대의 지배 질서에 대한 수용자 대중의 신뢰가 없는 상태에서는 아무리 선하고 진정성 있는 부잣집 남자도 신데렐라를 구원할 왕자가 될 수는 없다. 기성세대의 세상과 불화하지 않는 이런 남자라면 아무리 착하고 진실해도 그리 매력적으로 그려지지 않는 것은 바로 이 때문이다.

그럼에도 1970년대 말의 이런 작품에는 머잖은 시기에 신데렐라 이야기가 생겨날 조짐이 발견된다. 가난한 여주인공과 부잣집 남자의 사랑이 꽤나 진정성을 지녔다는 점이 그것이다. 그 여자는 오로지 남자의 돈·지위만을 좋아하는 것이 아니라 진정으로 그 남자를 사랑한다. 이 대목은 꽤 흥미로운데, 부자인 남자가 드디어 사랑할 만한 남자, 공감하고 연민을 느낄 수 있을 만한 인물로 등장했다는 것을 의미하기 때문이다. 이는 매우 중요한 변화다.

이전의 부자 남자는 대개 돈 많고 비인간적인 호색한으로 도대체 정이 가지 않는 인물이었지만, 1970년대 부자 청년은 그 상처 입은 내면이 공감과 연민을 불러일으키는 인물이다. 속악한 기성세대에 대한 반항이야말로 이들의 매력 포인트다. 여주인공 역시 경제적으로 무력하고 폭압적이기까지 한 부모의 세상으로부터 도망치고 싶어 가짜 대학생 노릇과 소매치기까지 하며 몸부림치는 인물, 가난한 집 딸이면

金秀賢 長篇小說

傷處

김수현의 장편소설《상처》(1978) 표지. 김수현은 1968년 데뷔 이후
2010년대에 이르기까지 무려 40년 가까이 최고의 인기 방송극 작가로
활동했다. 그는 1980년대까지 적잖은 영화 시나리오와 장편소설을
발표했으며, 상당수의 소설이 베스트셀러였다.

서도 대학에 다니겠다며 기를 쓰고 고학하는 인물들이다. 이 정도라면 상처를 지닌 부자 도련님과 공감하며 그를 사랑할 수 있다. 부모 세대는 가난하건 부유하건 청년에게 환멸과 상처를 안겨준다는 인식, 즉 청년문화적 세대 의식이야말로 가난한 여자와 부잣집 아들이 진정한 사랑을 할 수 있는 바탕이다.

그러나 딱 이 정도다. 상처 입은 부잣집 도련님은 매력적이기는 하나 신데렐라를 구원할 만큼 능력과 자신감을 지니지 못했고, 가난한 여자는 이런 남자를 진정으로 사랑할 수 있게 됐으나 윤리적 부채감을 떨어버리지 못한 상태, 이 어정쩡함이야말로 1970~1980년대의 사회심리를 고스란히 보여준다. 계층 상승에 대한 희망·긍정의 태도가 확산했지만, 여전히 세상의 속악함에 대한 불신이 남아 있었다는 의미이기 때문이다. 즉 대중은 한편으로 성장하는 자본주의적 세상에 대한 희망을 키워가면서도, 이를 지탱하는 기성세대와 그들이 운용하는 가족·사회의 시스템에 대해서 여전히 불신을 거두지 못하고 있었던 셈이다.

# 캔디의 부상과 한국 순정만화의
# 다른 욕망

## 상승하는 여성 주인공은
## 언제?

신데렐라 이야기란 기본적으로 주인공이 고난의 시기를 벗어나 성공하는 이야기다. 그래서 그 신데렐라 캐릭터가 남자든 여자든 간에 신데렐라 이야기가 인기를 누리는 현상은 그 사회의 지배 질서에 대해 신뢰와 자신감, 희망을 갖고 있다는 수용자 대중의 사회심리와 조응한다. 20세기 이후 1960년대에만 딱 한 번, 그것도 상당히 부족한 형태로 남자 신데렐라가 인기를 모은 것은 바로 그 시기에 젊은 남성의 경우 돈도 별다른 재주도 없더라도 뜨거운 마음만 지니고 있으면 앞으로 행복하게 살 수 있을 것이라는 희망적인 마음을 잠시 품었다는 것을 의미한다. 마찬가지 논리로 우리나라 대중예술사에서 1970년대가 되도록 여성 주인공의 신데렐라 이야기가 한 번도 유행하지 않았다는 것은

184

여성이 그 세상에서 행복할 수 있으리라는 희망을 갖기 힘들었다는 것을 의미한다.

서민적인 예술에서 상승하는 주인공이란 대개 두 종류다. 하나는 그 세상에서 상승할 만한 능력과 의지를 갖춘 주인공, 그래서 닥쳐오는 고난과 위기와 맞서 적극적으로 싸워 이기는 주인공이다. 다른 하나는 다른 존재(타인 혹은 초인간적인 존재)의 도움을 받아 위기와 고난의 상황을 벗어나 상승하는 주인공이다(물론 후자의 경우에도 타인이나 초인간적인 존재가 주인공에게 도움을 줄 만하다고 수용자가 납득할 수 있을 만큼 주인공이 덕성을 갖추어야 한다. 그것을 능력으로 볼 수도 있지만, 이 서사는 위기와 적극적으로 맞서 싸우고 경쟁에서 승리하는 것과 다른 종류의 서사임은 분명하다). 영웅담은 전자에 속하며, 신데렐라 이야기는 후자에 속한다.

앞서 1970년대에 이르기까지 여성 주인공의 신데렐라 이야기가 대중예술에서 인기를 모은 적이 없었다고 누차 이야기했는데, 그렇다고 여성 주인공의 영웅담이 인기를 누리는 흐름이 있었던 것도 아니다. 말하자면 신데렐라 이야기건 여성 영웅담이건 간에 여성 주인공의 성공 이야기가 좀처럼 인기 경향으로 자리 잡지 못한 것이, 이 시대까지의 한국 대중예술의 현실이었다. 이는 뒤집어 생각해보면 결국 상승하는 여성 주인공의 이야기가 공감과 인기를 얻을 수 있는 시대가 와야만 신데렐라 이야기든 여성 영웅의 성공담이든 주류 경향에 등장할 수 있다는 뜻이기도 하다.

이 흐름으로 보자면 1970~1980년대는 꽤 중요한 변곡점을 이루는 시기라고 볼 수 있다. 왜냐하면 1970~1980년대가 되어야 비로소 강한 자존심과 의지, 직업적 능력을 갖춘 젊은 여성 캐릭터가 한국 대중예술사에서 나타나 인기를 끌기 시작했기 때문이다. 앞에서 언급한 김수현의 작품이 그 대표적인 예다. 김수현 작품의 여주인공 중에는 《상처》의 하영처럼 또래 남자와의 경쟁을 뚫고 대학교에 들어가고 자신의 노동으로 생계를 유지하는 인물이 적지 않다. 김수현 작품의 대부분이 연애와 결혼을 중요한 사건으로 설정하고 있어서 이들 주인공의 직업적 성공이 그리 많이 돋보이지는 않지만, 1960년대 청춘영화 속의 여주인공이나 박계형 소설 속 주인공처럼 직업적 능력이 없어 보이진 않는다. 1984년에 엄청난 인기를 끈 김수현의 TV드라마 〈사랑과 진실〉의 주인공 효선은 자신의 능력과 노력으로 대학에서 물리학을 전공하고 미국 유학을 거쳐 교수가 된다. 심지어 고학력이 아닌 고졸 여사원으로 오로지 행복한 결혼만 꿈꾸고 있었던 TV드라마 〈청춘의 덫〉(1979)의 여주인공조차 가난한 가족의 생계와 무일푼 애인의 학비 뒷바라지를 도맡을 정도의 경제적 능력을 지닌 인물이다. 이쯤 되면 1970~1980년대에는 상승하는 여주인공이 등장할 만한 분위기가 만들어졌다고도 볼 수 있지 않을까.

아니나 다를까. 이 시기에 드디어 우리나라 여성 대중이 신데렐라 이야기에 매료되는 현상이 나타났다. 여성 대중이 자신의 능력과 노력으로 계층 상승과 행복을 얻을 수 있다는 기대감을 표출했다는 점에서 앞서 이야기한 직업적 능력과 상승 의지를 지닌 여주인공과 일맥상통하는 현상이다.

물론 여성이 계층 상승의 욕망, 애정·자존의 욕망을 표출하는 현상은 1950년대 대중예술부터 뚜렷이 나타나긴 했다. 하지만 1950년대의 자유 바람과 성욕·물욕의 분출, 1960년대의 가정 내 권력의 안정적 확보 욕망 등은 여전히 '여성적'이라 치부되는 영역에 머문 것이었다. 그에 비해 1970년대 후반 이후의 작품에서 발견되는 것은 이 영역을 넘어선다. 단지 인생의 '엔조이'를 위해 돈이 필요하다거나 사업의 성공을 위해 남자 후원자의 도움을 요청하는 방식에서 벗어난 것이다. 남성과 경쟁할 수밖에 없는 사회 안에서 성공이나 경제적 자립을 위해 차근차근 실력을 쌓고 그 속에서 자존감을 잃지 않으려 노력하며, 그와 함께 진정한 사랑도 성취하고 싶다는 욕망을 드러내고 있다. 이런 욕망은 여태껏 남성 인물의 전유물이었는데, 이 시기에 이르러 여성 인물에서도 그것이 나타난 것이다. 김수현이 대중예술에서 창출한 새로운 여성 인물의 부상 그리고 사랑·결혼을 통해 계층 상승을 이루는 신데렐라 이야기의 등장이란, 이런 흐름 속에 위치한다.

## 한국 소녀,
## 일본의 캔디에 열광하다

이 시대를 뜨겁게 달군 신데렐라는 다름 아닌 '캔디'였다. 만화《캔디 캔디》(미즈키 교코 작, 이가라시 유미코 그림)는 1975년부터 발표된 일본의 만화였다. 이 작품의 리메이크 애니메이션이 MBC에서 1977년에 〈캔디〉라는 제목으로, 1983년에는 〈들장미 소녀 캔디〉라는 제목으로 방영됐고, 단행본으로도 출간되는 등 폭발적인 인기를 보여주었다.

《캔디 캔디》야말로 이후 우리나라 대중예술계의 신데렐라 이야기에 가장 큰 영향을 준 작품이라고 단언할 만하다. '테리우스'와 '안소니' 같은 남자 주인공의 이름이 아직도 긴 머리 미남의 별명으로 자주 쓰이는 것만 보아도 그 엄청난 영향을 짐작할 수 있다. 또한 1990년대 중반 이후 TV드라마에 신데렐라 이야기가 넘쳐날 때 '캔디렐라'(캔디 스타일의 신데렐라 캐릭터라는 의미) 같은 신조어가 등장한 것도 이 작품의 위력을 확인하게 하는 현상이다.

《캔디 캔디》는 고아원 출신의 성실하고 발랄한 소녀 캔디가 부잣집 하녀와 양녀 신분을 오가며 온갖 고생을 하다가, 자신의 오랜 후원자인 귀족 남자와 진정한 사랑을 이루는 이야기가 서사의 큰 줄기다. 돈도 지위도 갖지 못한 소녀가 돈과 높은 지위를 지닌 남자와 진정한 연애를 하고 결혼까지 이른다는 전형적인 신데렐라 이야기 틀을 갖추고 있다. 그런 점에서 지극히 익숙한 서사이긴 했지만, 앞서 계속 살펴보았듯이 20세기 한국 대중예술에서 이런 신데렐라 이야기가 크게 인기를 얻지 못했다는 점에서 새로운 현상이기도 했다.

흔히 '소녀'로 지칭되는 미성년 여성 수용자가 즐기는 순정만화만 살펴보아도 그렇다. 이전 한국 순정만화의 주 내용은 부모 잃은 소녀의 가족 복원 이야기였기 때문이다. 1950년대 말과 1960년대 초의 순정만화는 물론이고 엄희자로 대표되는 1960년대 중반 이후의 작품에서도 고아거나 부모를 잃어 고아나 다를 바 없는 소녀가 고생 끝에 부모를 되찾거나 부모를 대신할 만한 어른과 만나 새로운 가족을 이루는 이야기 혹은 우연히 어그러진 가족관계가 우여곡절을 겪다가 갈등이 해결되는 가족 복원의 서사가 대세였다. 비단 순정만화만 그런 것은 아니다. 1950년대부터 소녀에게 널리 읽힌 《소공녀》(프랜시스 버넷, 1888)나 《쌍무지개 뜨는 언덕》(김내성, 1949) 같은 소설도 모두 이런 내용이다. 《경향신문》 1965년 9월 4일 자에 따르면 이 두 작품은 당시 이화여대생이 어릴 적 기억에 남는 작품으로 각각 1위와 10위에 꼽혔다.

이에 비하면 《캔디 캔디》는 부모를 중심으로 한 가족 복원의 이야기가 아니다. 캔디는 부자 애인과 진정한 사랑에 성공함으로써 기나긴 고난의 세월을 끝낸다. 캔디가 '양녀'가 되는 설정은 이전 순정만화와 흡사하지만, 이 작품은 여기에 머물지 않는다. 캔디의 성공은 양녀가 된 것에서가 아니라 멋진 외모의 귀족 남자의 연애 상대가 되는 것에서 완성되기 때문이다. 《캔디 캔디》의 수용자는 자신을 행복하게 해줄 사람으로 부모나 선생님, 아저씨가 아니라 안소니와 테리우스를 원하게 됐다는 의미다. 이로써 한국 순정만화의 방향은 완전히 바뀐다. 엄희자의 시대가 끝난 것이다. 엄희자 시대를 끝낸 1980년대 한국 순정만화가 그저 《캔디 캔디》의 방향으로만 나아가지는 않았지만(이에 대해서는 바로 뒤에서 이야기하겠다), 수용자 대중은 황미나 등 한국 순정만화 작가의 작품과 함께 외국에서 수입된 《캔디 캔디》도 함께 선택했다.

## 캔디는 옛날 신데렐라가 아니다

새로운 요소는 또 있다. 캔디형 신데렐라를 의미하는 '캔디렐라'라는 1990년대의 신조어는 캔디가 설화 속 신데렐라와는 다른 성격을 지니고 있음을 말해준다. 신데렐라나 콩쥐 같은 설화의 주인공은 핍박 앞에서는 눈물만 흘리고 인내하다가 하늘의 뜻이라 여겨지는 초인간적 존재(참새, 쥐 등)의 도움을 받는다. 이와 달리 캔디는 그저 참기만 하는 소극적 성격을 벗어난다. 그는 씩씩한 말괄량이일 뿐 아니라 도전적이고 자기 성취 욕구가 강한 인물이다. 한국어판 애니메이션 주제가는 '외로워도 슬퍼도 나는 안 울어'로 시작하여 울지 않는 태도와 함께 외로움과 슬픔을 인내하는 태도를 두드러지게 드러내고 있다. 그런데 일본 애니메이션 주제가 속 캔디는 더 적극적이고 밝다. '주근깨 같은 건 신경 쓰지 않아/ 들창코라도 마음에 들어/ 말괄량이 장난 너무 좋아해/ 달리기 뛰어넘기 아주 좋아해'로 시작한다. 주제가부터 설화 속 신데렐라 캐릭터에 비해 많이 달라진 성격임을 선명하게 보여준다. 캔디는 자신이 하고 싶은 일을 위해서는 기존의 관행도 거스른다. 설화 속 신데렐라가 지닌 순종적 태도와는 거리가 멀다. 그는 의지적이고 추진력 있는 과감한 행동으로 사회적 성취를 이루며, 어렵사리 간호사가 되는 데 성공한다. 즉 고아이자 하녀였던 캔디는 귀족 남자와 진정한 사랑을 이루어 계층 상승에 성공하는 것만이 아니라, 자기 스스로 간호사라는 직업을 갖는 데 성공한다.

이런 작품이 폭발적으로 인기를 끌었다는 것은 이 작품의 수용자였던 1970년대 말과 1980년대 초 10대 여성 대중의 사회심리를 보여주는 것임에는 틀림이 없다. 이들 수용자는 어그러진 가족을 복원함으로써 행복해지는 것이 아닌, 직업과 결혼을 통한 자신의 사회적 지위 향상을 통해 행복해지고 싶어 하는 것이다. 특히 이 시대의 수용자가 무력하게 울면서 하늘과 가족의 보호를 기다리는 여자가 아니라, 악조건에 굴하지 않고 자신의 운명을 개척해 나가며 성공하는 여자에게 매력을 느끼기 시작했음을 뚜렷이 보여준다. 캔디의 씩씩한 말괄량이 성격이야말로 온갖 귀족 도련님을 매료하는 요소로 설정되어 있기 때문이다. 이 시대의 소녀는 보호해줄 부모가 아니라, 자립심과 성취욕 강한 말괄량이 여자를 있는 그대로 인정하고 사랑하는 남자를 원하기 시작한 것이다. 직업을 통한 경제적 자립, 사랑과 결혼, 이를 통한 계층 상승, 이 모든 것을 이룰 수 있으며(혹은 이루어야 하며) 아름다운 외모나 순종적 태도가 아니라 강한 의지와 적극적이고 지속적인 노력이 그것을 가능하게 한다는 생각이 여성 청소년에게 싹트기 시작했다. 상승하는 여성 캐릭터가 드디어 이 시대 대중예술에서 부상하기 시작했고, 그것이 캔디라는 신데렐라 캐릭터의 인기로 나타난 것이다.

## 《캔디 캔디》 붐과 그 한계

그러나 《캔디 캔디》가 보여주는 이 시대의 신데렐라 붐은 매우 제한적이고 과도기적이라고 보아야 한다. 몇 가지 지점에서 그러하다.

첫째, 《캔디 캔디》의 인기가 나이 어린 10대 여성 수용자에 국한된 현상이었다는 점이다. 앞서 대중소설 등에서 살펴보았듯이 이 시대 성인 대상의 작품에는 이러한 신데렐라 이야기의 유행이 나타나지 않는다. 즉 《캔디 캔디》의 희망적 서사는 아직 세상 무서운 줄 모르는 10대 소녀에게나 설득력 있는 내용이었을 수 있다.

둘째, 이 붐이 한국 작품이 아니라 외국 작품의 수입을 통해서 이루어졌다는 점이다. 더더구나 작품 속 배경이 한국(혹은 한국과 비교적 가까운 일본)이 아닌 서양이며,《캔디 캔디》의 붐이 이후 한국 작가의 한국화된 작품으로 이어지지 않았다는 점도 주목할 만하다. 이는 한국의 수용자에게 폭발적인 인기가 있었다고 할지라도, 한국의 작가가 이러한《캔디 캔디》류의 작품을 앞다투어 만들어낼 정도는 아니었다는 의미이기도 하다. 한국 대중예술사에서 외국 작품이 붐을 일으키는 예는 자주 확인할 수 있지만, 그렇다고 해서 늘 그 경향이 한국 작가에 의한 비슷한 부류의 창작 붐으로 직결되는 것은 아니었다. 수용자는 이미 외국 작품임을 알고 수용하며, 자신이 사는 시공간과는 다소 다른 시공간을 상상하며 작품을 수용한다. 이로써 한국 작품을 수용할 때는 한국적 리얼리티의 한계에 갇혀 가동하지 않고 묻어두었던 깊숙한 욕망과 잠재적 취향을 좀 더 적극적으로 끄집어내게 된다. 물론 이렇게 촉발된 새로운 취향은, 한국의 작가가 한국의 상황에 맞게 소화하여 본격적인 작품 생산과 인기로 이어지기도 한다. 하지만 이 시도가 모두 성공하는 것은 아니다. 생각해보자. 1970~1980년대에 한국에서 큰 인기를 누렸던 〈육백만 불의 사나이〉, 〈브이〉 등의 수많은 SF 미국 드라마는 미국에서 미국을 배경으로 만들어진 작품이었기 때문에 인기를 누린 것이다. 만약 당시 한국에서 이와 흡사한 발상의 작품을 한국을 배경으로 하여 만들었다면(그렇게 무모한 제작을 할 사람도 없었겠지만) 분명 실패했을 것이다.

《캔디 캔디》에서 한국 수용자를 열광시켰던 신데렐라 이야기는 한국 순정만화로 이어지지 않았다. 이 점이야말로 아직 신데렐라 이야기가 당대 한국에서 전면적인 인기를 누리지 못했다는 가장 큰 증거다. 한국의 수용자에게 신데렐라 욕망이 잠재되어 있기는 했지만, 아직 그것이 한국 사회에서 함께 살면서 어떤 방식으로든 한국 수용자의 욕망을 가장 빠르게 반영하는 한국 작가의 손으로 만들어질 정도로 강력하지는 않았다는 것이다.

## 황미나·김혜린·신일숙의
## 여주인공은 캔디가 아니다

그렇다면 당시 한국의 순정만화 작가들은 어떤 이야기를 만들어내고 있었을까?《캔디 캔디》가 한국에서 인기를 끌던 바로 그 시기, 한국의 순정만화 역시 새로운 흐름이 대두하며 판이 바뀌었다. 엄희자의 시대가 끝나고 황미나로 대표되는 새로운 시대가 열린 것이다. 앞서 이야기했듯이, 부모 없이 고생하던 소녀가 부모(혹은 부모 역할을 대신해줄 어른)를 만나는 이야기의 시대는 지나갔다. 황미나의 시대부터는 여주인공이 스스로 자신의 문제를 해결해 나가는 이야기로 바뀌었다. 그런 점에서《캔디 캔디》와 공통점이 있다.

그러나 1980년대 한국 순정만화가 보여주는 욕망은《캔디 캔디》와 달랐다. 씩씩하고 귀여운 여주인공의 고난 극복 이야기이긴 하지만, 신데렐라 이야기는 아닌 것이다. 한국의 순정만화 작가와 수용자가 선택한 인기 경향은 여주인공이 정치와 혁명의 한복판을 헤쳐 나가는 이야기였다. 황미나의《이오니아의 푸른 별》(1981),《불새의 늪》(1984), 김혜린의《북해의 별》(1983), 신일숙의《아르미안의 네 딸들》(1986~1995) 등이 대표적이다. 이들 작품은 복수, 반란, 권력 쟁탈, 전쟁, 혁명, 육체적 대결(칼싸움 등), 운명과 맞서는 도전과 모험, 주어진 임무의 완수 등 이전까지는 남성 취향의 작품에나 있었던 내용으로 채워져 있다. 작품 속의 여주인공은 혁명가·무사·정치인으로, 혹은 혁명가·정치가의 동지·연인이 되어 함께 역사를 헤쳐 나간다. 여성 인물은 사회적 지위나 정치적 권력에 대한 적극적인 관심과 욕망을 드러내고, 가문·국가·역사가 던진 임무를 수행하기 위해 목숨을 걸며, 공적 명분과 사적 관계의 욕망(사랑과 우정 등)이 충돌하는 데서 오는 갈등에 괴로워한다. 그리고 이러한 능동적이고 적극적인 행동을 통해 가문·국가·우주 안에서 자기 존재의 의미를 깨닫는다. 1980년대 20대의 젊은 여성 작가와 여성 청소년 수용자가 이렇게 거대한 이야기를 만들어내고 즐기고 소통했다는 것은 참으로 흥미롭다.

그런데 이들 작품의 시공간적 배경은 현대의 한국이 아니다. 이러한 서사를 현대 한국을 배경으로 펼쳐놓는 것은 개연성을 크게 벗어나는 일이라 불가능했을 것이다. 멀찌감치 몇백 년 전 서양과 중동으로 옮겨놓았는데, 그런 점에서 1980년대 한국의 순정만화는 일본 만화 중《캔디 캔디》가 아니라, 이케다 리요코의《베르사이유의 장미》나《올훼스의 창》등의 영향을 더 많이 받았다고 할 수 있다. 하지만 외국 작품의 영향으로 국내 작품의 경향이 바뀌는 현상은 단순히 외국의 특정 작품이 수입되어서가 아니라 그러한 부류의 작품에 크게 영향을 받을 만큼 한국 수용자의 사회심리와 욕망의 대대적 변화가 이루어졌기 때문이다. 즉 1980년대 황미나, 김혜린, 신일숙 등이 주도한 한국 순정만화의 변화는 드디어 1980년대 한국 여성 청소년의 욕망이 바뀌었다는 의미다.

　서두에서 신데렐라 이야기가 인기를 끄는 시대는 수용자가 세상 속에서 지금보다 나은 행복한 삶을 살 수 있으리라는 희망이 있을 때라는 점을 이야기했다. 그런 신데렐라 이야기 역시 주인공이 세상의 주인이 되고 싶은 욕망, 성공의 욕망을 담은 서사, 즉 자신의 힘과 노력으로 세상과 대결하여 성공하는 영웅담 방식의 성공담과는 또 다른 방식의 성공 서사인 것이다. 그렇게 보자면 이 시기에 수입된 작품이긴 하지만 신데렐라 이야기를 담은 작품이 인기를 끌고, 국내 창작물에서는 정치권력이나 역사 변혁의 욕망 등을 지닌 여성 주인공을 설정한 작품이 인기를 모으는 현상은, 크게 보자면 여성 청소년이 세상의 주인으로 살아가고 싶다는 강렬한 열망의 표출이라 할 수 있다.

　단 한국의 여성 청소년이 지닌 세상의 주인이 되고 싶은 욕망이 신데렐라 이야기와는 다소 차이가 있다는 점을 눈여겨봐와야 한다. 연애·결혼을 통한 방식보다는 역사와 정치의 소용돌이 한복판에서 투쟁하며 성장하고, 그 안에서 연애와 결혼도 함께 고민하는 방식으로 이루고 싶어 하는 경향이 훨씬 강했다. 순정만화란 늘 뻔하기 마련이라고 치부해버리면 발견하기 힘든, 흥미로운 지점이다. 물론 《캔디 캔디》 열풍이 말해주듯, 이 시대 여성 청소년에게 신데렐라 욕망은 분명히 강하게 존재했던 것으로 보인다. 또 한국 작가의 작품에서도 낭만적 연애에 대한 열망 또한 강렬하다는 것이 분명히 읽힌다. 하지만 적어도 한국 작품의 경향으로 보건대, 당시 한국의 수용자는 진정성 있는 연애와 결혼을 통해 행복한 승자가 되는 꿈이 아직은 이루기 힘들다고 여긴 듯하다. 오히려 순정만화라는 장르에서 가장 중요하게 다루어지는 연애와 결혼 등의 사건은 정치·사회와 역사의 소용돌이를 헤쳐 나가는 공적인 소임과 복잡하게 갈등하고 얽히는 요소로 배치되는 경향이 강하다. 어쩌면 이들은 한국 사회에서 여성이 세상을 움직이는 주체의 일원으로 성장하는 것과 행복한 연애·결혼의 성공이 양립하기 힘들다는 것을 감지하고 있었을지도 모른다. 여성이 세상을 움직이는 주체의 일원으로 성장하는 과정에서 평생을 좌우할 깊은 연애를 하게 되지만, 사회적 성공과 연애의 성공이 신데렐라 이야기에서처럼 갈등 없는 화해의 관계를 맺는 것은 아님을 한국의 작품은 반복적으로 이야기한다. 멋진 왕자가 없는 것은 아니되, 그들 역시 여주인공 못지않게 복잡한 사회적 관계 속에서 몸부림치고 있고, 여성 인물은 이를 함께 해결해 나가며 상처받고 성장하는 존재로 형상화되는 것이다. 이 시기 여성 청소년 수용자가 느끼는 사회란 진정성 있는 연애와 결혼만으로 행복이 보장되는 곳이 아니었다.

## 1980년대의 한국은 아직
## 신데렐라를 허용하지 못했다

1980년대 한국 순정만화가 보여주는 이러한 인식과 태도는 작품의 배경이 하나같이 수백 년 전 서양이나 중동의 머나먼 시공간이라는 것과 무관하지 않다. 젊은 여주인공이 정치와 역사의 소용돌이를 헤쳐 나가는 이야기를, 과연 20세기 후반 한국을 배경으로 펼쳐 나갈 수 있을까?

《캔디 캔디》 같은 신데렐라 이야기는 한국의 상황이라면 얼토당

토않다. 한국의 시골 고아원 출신 말괄량이가 엄청난 집안의 가정부를 거쳐 양녀가 되고, 귀족이 다니는 명문 학교 학생인 그 집안 아들들이 모두 그 주근깨에 들창코 외모의 말괄량이 하녀를 사랑한다? 게다가 후원자의 도움이 끊겼는데도 돈 없는 고아 소녀가 간호사가 되는 데 성공한다? 아무리 허구라 해도 이 정도로 개연성이 없으면 수용자의 공감을 얻을 수 없다. 애초부터 가능하지 않다. 한국의 순정만화가 즐겨 그렸던 대하서사물의 설정도 마찬가지다. 정계나 재계에서 남자와 권력을 놓고 싸우며, 여자처럼 섬세한 남자와 함께 혁명을 향해 노력하는 이야기 역시 20세기 후반 한국을 배경으로 만들기는 난망이다.

이 시기 순정만화 중 매우 드물게 당대 한국 사회를 배경으로 삼은 작품인 황미나의《우리는 길 잃은 작은 새를 보았다》(1986)를 보면, 신데렐라 이야기나 역사·정치의 주체로 성장하는 여주인공의 이야기가 왜 당대 한국을 배경으로는 가능하지 않았는지 바로 알 수 있다.《우리는 길 잃은 작은 새를 보았다》는《캔디 캔디》처럼 고아 출신으로 부잣집 양녀가 된 여주인공을 설정했다. 하지만 이후의 전개 과정은 판이하다. 주인공은 (캔디와는 달리) 가족과 징글징글한 상처를 주고받으며 성공·성장의 길로는 좀처럼 나아가지 못한다. 그런데 이런 전개가 한국 현실과 비추어보면 훨씬 개연성과 현실감이 있다. 서양 배경의 작품에서 흔히 등장하는 '키다리 아저씨' 같은 선한 후원자·구원자는 없다. 생각해보라. 예쁘고 젊은 가난한 여자에게 사심 없이 호의를 베푸는 부자 남자? 한국의 상황에서 이런 인물은 너무 낯설게 느껴질 정도로 개연성이 없다.

황미나의 초기작 《이오니아의 푸른 별》(1981) 표지. 이 작품으로 이른바 황미나의 시대가
열리며, 몇 년 뒤 김혜린, 신일숙 등이 뒤를 이으면서 한국 순정만화의 새로운 시대가
본격화했다.

이 작품의 가난한 여주인공에게 계층 상승의 기회가 없었던 것은 아니다. 신데렐라가 될 기회도 있었다. 여주인공 신애를 진정으로 사랑하는 부자 애인이 함께 미국으로 가자고 제의했다. 동반 유학이란 한국에서 얽힌 온갖 고통의 관계를 끊고 계층 상승으로 들어서는 신데렐라의 통로다. 그러나 신애는 그 길을 가지 못한다. 불평등하고 정의롭지 못한 한국에서 죽을힘을 다해 권투로 먹고사는 오빠가 눈에 밟혔기 때문이다. 주인공이 뿌리박고 있는 한국의 현실에 대한 신뢰가 존재하지 않는 상황에서는 그 늪에서 탈출할 행운을 만난다 해도 주인공 혼자 빠져나오기란 쉽지 않다. 자기 혼자 그 질곡에서 빠져나와 행복의 길로 들어서는 것은 남아 있는 사람에 대한 일종의 배신이 되기 때문이다. 1980년대의 한국은 아직 청소년이 즐기는 순정만화에서조차 신데렐라를 꿈꿀 수 있는 곳이 못 됐던 셈이다.

# 신데렐라의 시대와
# 그 쇠락:
## 1990년대 이후

# 5:

# 〈사랑을 그대 품 안에〉와
# 캔디렐라 시대의 개막

## 신데렐라 시대의 조건

이제 한국 대중예술사에서 신데렐라 이야기를 찾는 여정의 마지막 장에 들어섰다. 결론부터 이야기하자면 20세기의 마지막을 불과 몇 년 앞둔 시대에 이르러야 한국 대중예술은 비로소 신데렐라 이야기가 본격적으로 인기를 끄는 현상을 보여주게 된다.

여태껏 살펴보았듯이 한국 대중예술사에서 신데렐라 이야기는 참으로 오랫동안 제대로 인기를 끌지 못했다. 낭만적 연애 열풍과 근대 자본주의 질서의 체득이 함께 이루어졌음에도, 행복한 연애·결혼을 통해 계층 상승에 성공하는 신데렐라 이야기가 이토록 오랫동안 인기를 얻지 못했다는 점은 생각할수록 흥미롭다.

흔히 대중예술에서 신데렐라 이야기는 사회 상황이 절망적이어서 계층 상승을 현실 속에서 이루지 못할 때 작품을 통한 대리만족을 위해 생겨난다고 생각하는 경향이 있다. 대중의 욕구·욕망의 대리만족은 대중예술이 지니는 본질임이 분명하며, 신데렐라 이야기가 인기를 끄는 시대라도 행복한 결혼을 통한 계층 상승이 대개의 사람에겐 실현 불가능한 욕망임은 분명한 사실이다. 그런데 대중예술이 늘 욕구·욕망의 성공적 실현만 대리 충족해주는 것은 아니다. 욕구·욕망의 실현 과정에서 생겨나는 좌절과 고통의 경험을 형상화한 작품을 통해 그 고통·불만족·좌절의 긴장감을 간접 체험하는 것 역시 대중예술을 즐기는 매우 중요한 대목이다. 즉 대중예술 속 욕구·욕망의 대리 충족은 플러스의 방향뿐 아니라 마이너스의 방향으로도 이루어진다는 것이다. 따라서 대중의 취향이 신데렐라 이야기로 쏠린다고 해서 반드시 그 사회가 절망적인 사회임을 방증하는 것은 아닐 수도 있다. 절망적인 사회에서 대중은 신데렐라 이야기 같은 해피엔딩의 성공 서사가 아니라, 계층 상승 욕망의 좌절을 형상화한 다른 서사를 선택할 수도 있기 때문이다. 즉 현실이 절망적이고 계층 상승이 불가능한 세상이라고 해서 대중이 늘 행복한 신데렐라를 꿈꾸는 것은 아니며, 반대로 신데렐라 이야기가 인기를 끄는 시대가 절망적인 시대임을 말해주는 것도 아니다. 사회적 맥락과 흐름을 정교하게 살펴야 하는 이유가 여기에 있다.

이미 설명했듯이 신데렐라 이야기는 일종의 성공 서사다. 그런 점에서 신데렐라 이야기는 계층 상승의 성공 서사가 대중에게 인기를 끄는 사회에서 유행한다고 보는 것이 타당하다. 실제로 한국 대중예술사에서 신데렐라 이야기의 유행은, 정치·경제·사회의 상황에 대해 대중이 희망적인 태도를 지닌 시대의 산물임을 확인할 수 있다. 이미 살펴본 1960년대가 그런 시기이며 지금부터 다룰 1990년대도 역시 그러하다.

　신데렐라 이야기를 대중이 즐기기 위해서는 두 가지 신뢰가 필요 조건이라 이야기했다. 하나는 결혼 이후 이루어질 가족이 자신을 행복하게 해주리라는 신뢰다. 즉 대중이 결혼 이후 고생길이 훤하다고 여긴다면 행복한 신데렐라는 만들어지지 않는다. 다른 하나는 엄연히 계층이 존재하는 그 사회의 정당성에 대한 신뢰다. 즉 대중이 계층 상승에 대해 죄책감·거리낌을 느낄 정도로 세상의 지배 질서에 대한 신뢰가 없다면, 대중은 행복한 신데렐라에 기꺼이 공감할 수 없다. 하늘의 질서와 인간세상의 질서가 조응하며 남존여비와 신분제를 하늘의 뜻이라 여겼던 전근대에는 '아랫것'이라도 왕이나 아버지, 남편, 상전 등에게 근본적 의심을 품지 않았다. 전근대의 백성이 지니고 있던 이런 신뢰야말로 신데렐라와 콩쥐의 해피엔딩 이야기를 가능하게 한 근본적 바탕이다.

　그러나 근대 자본주의 사회가 되면서 사람들의 생각과 마음이 변했다. 급격히 세상이 바뀐 20세기 초기부터 우리나라의 대중은 돈·권력이 지배하는 세상의 지배 질서를 오랫동안 마음으로 기꺼이 받아들이지 못했다. 그와 함께 20세기의 여성은 여전히 가부장적이며 심지어 전근대적 요소가 사라지지 않은 가족제도 안에서 과연 행복할 수 있을지 의심을 거두지 않았다. 20세기 우리나라에도 부자 남자와 결혼하는 데 성공한 가난한 여자는 분명 있었겠지만, 세상을 신뢰하지 못하는 대중은 대중예술 속에서 이런 부류의 인물을 행복한 신데렐라로 상상하지 못했다. 이런 세상에서 자기 혼자 잘살겠다고 인정과 도덕을 팽개친 심순애거나 혹은 층층시하의 부잣집 아들과 결혼 후 급격히 애정이 식은 남편의 무관심 속에 고생하는 며느리·조강지처로 형상화한 작품에 열광했다.

한국 대중예술사에서 신데렐라 이야기를 그토록 만나기 힘들었던 것은 바로 이 때문이다. 그나마 1960년대 중반부터 몇 년간 '신데렐라맨'이 인기를 끌었는데, 이는 전쟁과 이승만 체제가 끝난 후 경제개발을 시작하고 가족은 여전히 남성 중심적이었던 1960년대의 세상이 당시 남성 대중에게 희망적이었기 때문이다. 물론 현실에서까지 신데렐라맨의 실현이 쉬웠던 것은 아니며, 1970년대부터는 그 불가능성이 확인되기 시작했다. 그래서 앞에서 살펴본 대로 1970년대 이후 대중예술에서 신데렐라맨은 종종 희화화되거나 부도덕한 야심가 캐릭터로 변형됐다.

## TV드라마,
## 캔디렐라 시대의 개막

서두가 길었다. 이제 여자 신데렐라 이야기를 해야 할 때다. 한국 대중예술사 최초로 여자 신데렐라 이야기의 유행이 전면화되는 시기가 드디어 시작됐다. 1990년대 중후반, TV드라마에서 신데렐라 이야기가 인기를 모으는 현상이 나타난 것이다.

1994년 MBC의 〈사랑을 그대 품 안에〉(이선미·김기호 극본, 이진석 연출)가 그 시발이었다. 주인공은 부모 없이 개차반 주정뱅이 오빠와 사는 고졸 백화점 여사원 이진주(신애라 분)다. 이진주는 오토바이 질주와 색소폰 연주를 즐기는 반항아적 기질의 백화점 후계자 강풍호(차인표 분)와 우여곡절 끝에 사랑에 성공한다. 깔끔한 신데렐라 이야기다. 2000년대는 물론 2010년대를 지나면서도 흔히 발견되는 설정, 즉 대기업 후계자이자 기획실장(혹은 기획본부장) 남자 주인공과 학력도 재산도 없이 오로지 '캔디' 같은 발랄함과 당당함·성실함으로 여러 위기를 극복하고 그와의 진정한 사랑에 성공하는 여주인공의 조합이, 바로 이 작품부터 시작된다. 3년 후 같은 작가·연출가의 〈별은 내 가슴에〉(1997)가 전작 못지않은 인기를 끌었고, 같은 해 신데렐라 이야기를 변형한 드라마 〈신데렐라〉(정성주 극본, 이창순 연출) 역시 인기를 끌었다. 이후 여러 작가와 연출가가 이와 흡사한 작품을 내놓음으로써 신데렐라 이야기는 한 시대 TV드라마의 주류 경향 중 하나로 자리 잡았다.

이들 작품은 신데렐라 이야기의 부상이라는 점에서 몇 가지 주목할 만한 특징이 있다.

첫째, 이들 작품이 신데렐라 이야기의 중심인 여성 주인공의 신데렐라 이야기라는 점이다. 신데렐라맨으로 인기를 끈 1960년대의 청춘 영화가 있지만, 이는 가난하고 돌봐줄 사람 없는 불쌍한 여자가 왕자와 결혼한다는 전형적인 신데렐라 이야기와는 젠더가 뒤바뀐 변형 형태였다. 그에 비해 1990년대 중반부터 나타난 이들 작품은 남성 중심 사회의 약자인 여성 주인공이 행복한 연애·결혼을 통해 계층 상승에 성공하는 신데렐라 이야기의 전형적인 형태를 고스란히 보여준다.

둘째, 1980년대의《캔디 캔디》붐과 달리, 1990년대부터 시작된

드라마 〈사랑을 그대 품 안에〉(1994)의 홍보 화면. 신데렐라 이야기가 전면화된
TV드라마의 시대가 이 작품으로 시작됐다.

이 흐름은 국내에서 제작된 작품에 의한 것이란 점이다. 또한 그 수용자가 10대 여성 청소년에 국한되지 않고 20~30대에 이르는 폭넓은 수용층을 지니고 있었다는 점 역시 중요하다. 특히 지상파의 TV드라마는 만화는 물론 영화보다도 폭넓은 계층의 수용자를 포괄하고 있고, 만화와 달리 실사 동영상이어서 현실적 개연성의 요구를 훨씬 더 강하게 받는 장르다. 즉 국내에서 제작된 TV드라마에서 신데렐라 이야기가 인기 경향으로 부상했다는 것은 1980년대의 《캔디 캔디》 붐과는 비교할 수 없을 정도로 신데렐라 이야기가 지역·계층·세대 면에서 폭넓은 공감을 획득했다는 것을 의미한다.

셋째, 이 시기 TV드라마의 신데렐라는 모두 '캔디'형 신데렐라, 즉 '캔디렐라'였다는 점도 주목할 만하다. 즉 설화 속에 나타나는, 가족 내에서 치이며 가사노동에 찌들고 고난에 눈물만 흘리는 소극적인 인물이 아니라, 직업적 능력과 고난 극복의 의지, 당돌할 정도의 명랑함, 자존감 등을 갖춘 인물이라는 점에서 그러하다. 이 시기 신데렐라는 대부분 연애 못지않게 직업적 성공을 함께 이루는 인물이며, 그중 상당수는 직업적으로 다른 사람보다 뛰어난 자질을 지니고 있고 직업적 성공에 대한 의지 역시 매우 강하다. 또한 주인공의 경쟁자도 단지 연애만이 아니라 직업적 성공에 대한 강한 욕망을 지닌 인물로 설정된 경우가 많다. 앞에서 1980년대의 캔디 열풍이 대중예술에서 자존감과 의지, 사회적 성공에 적극성을 지닌 여성의 등장과 동반한 것임을 지적했는데, 1990년대의 작품 경향에서도 이는 뚜렷하게 확인된다.

이렇게 1990년대 중후반에 '캔디렐라'의 시대가 열렸다. 단정한 헤어밴드에 어깨까지 찰랑거리는 생머리, 다소 촌스러워 보일 수 있는 값싼 평상복, 솔직한 행동거지를 지닌 이 시대의 신데렐라는 2000년 대 중반이 되면 다소 인기가 줄어들기는 한다. 하지만 여러 변형을 보이며 2010년대 초까지 그 유행을 이어갔다.

## 1990년대라는 시대

10여 년에 걸친 긴 유행의 시작 시기는 1990년대 중후반이다. 왜 하필이 시기였을까?

대중예술사로 보자면 이 시기는 1990년대의 변화가 충분히 그 모습을 드러낸 절정기였다고 할 수 있다. 한국 대중예술사의 1990년대는 1992년에 시작된다. 1992년에 대중가요계에서는 서태지와아이들과 공일오비, 넥스트 등으로 대표되는 신세대 가요의 시대가 열렸고, 영화에서는 프로듀서 중심의 제작 방식과 로맨틱코미디의 유행을 만들어낸 〈결혼 이야기〉(김의석 감독)가 나왔으며, TV드라마에서는 16부작 트렌디드라마 〈질투〉(최연지 극본, 이승렬 연출)와 대작 드라마 〈여명의 눈동자〉(김성종 원작, 송지나 극본, 김종학 연출, 1991년 10월에 시작하여 1992년 2월에 종방했다)가 발표된 시기였다. 대중예술의 여러 분야에서 뚜렷한 경향 변화가 모두 이때를 기점으로 이루어졌다. 1992년은 군인 출신 대통령의 30년이 끝나고 (비록 여당 후보였지만) 야당 출신 정치인이 대통령으로 당선됨으로써 절차적 민주주의의 실현이 예상된 해였으며, 소비에트 연방의 해체로 수십 년 동안 이어져온 냉전체제가 끝난 시점이기도 했다. 즉 국내외적으로 정치·사회적인 대대적 변화가 이루어진 시기다.

이렇게 시작된 1990년대에 사람들은 문민정부의 탄생으로 1970~1980년대 민주화 투쟁의 집단성을 낡은 것으로 치부하게 됐고, 개인적 욕망에 대한 긍정의 태도가 솟아올랐다. 몇 년간의 격렬한 노동운동으로 임금과 노동조건은 크게 향상되어 먹고살 만해졌고 경제 성장은 지속되어 경제적으로 희망적인 태도를 지니게 됐으며, 공산권의 붕괴로 자본주의는 의심할 수 없는 체제로 인식되면서 이러한 자본주의 체제 안에서 성장하면서 앞으로 풍요롭게 살 수 있을 것이라는 기대가 보편화됐다. 재벌 회장이 신뢰와 존경을 받을 정도로 자본주의 사회의 지배 질서에 대한 신뢰가 고양됐던 시대가 바로 이때였다. 이제 부자가 되는 것은 죄책감을 느낄 일이 아니었다.

게다가 1990년대의 신세대·X세대는 산업화 시대에 태어나 민주화운동 시대에 성장하며, 이 두 시대를 모두 지나간 시대로 치부할 정도로 자신만만했고 역사상 가장 자유주의적이며 탈권위적이었다. "됐어 됐어 이제 그런 가르침은 됐어"라고 노래한 서태지와아이들의 〈교실 이데아〉(1994) 같은 작품이 최고의 인기몰이를 할 정도로 탈권위의 자유주의 바람은 거셌다. 심지어 여태껏 한국 대중예술에서 도전받은 적 없는 모성 이데올로기까지 비판받을 정도였다. 즉 가족을 비롯한 온갖 끈끈한 관계로부터 독립하여 '나 개인'의 욕망과 판단대로 살겠다는 자신감이 넘쳐흘렀던 시대가 이때였다.

## 여자도 자유롭고 독립적인
## 개인

이러한 자유주의와 개인주의는 남성에 비해 훨씬 더 많은 제약 속에 살아왔던 여성에게 특히 해방적이었을 것이 분명했다. 1950년대 자유주의 바람을 대중예술에서 '아프레걸'이나 '자유부인' 같은 새로운 여성 표상으로 그려낸 것처럼, 1990년대 대중예술에서도 여성 인물형의 변화는 이전에 비해 매우 뚜렷하고 파격적이었다. 어찌 보면 1990년대 대중예술 속의 신데렐라가 여성이라는 점 역시, 젊은 여성의 자신감과 희망이 이전에 비할 바 없이 상승했음을 의미한다. 드라마에서 신데렐라 이야기가 본격화되기 몇 년 전부터 1990년대 대중예술의 시작점에 위치한 작품 속의 여성 인물의 변화는 매우 뚜렷하다.

영화 〈결혼 이야기〉 속의 여주인공은 이전 시대 여주인공과 달리 직장에서 남자와 동등하게 인정받으며 사는 것을 당연히 여기는 인물이다. 〈결혼 이야기〉의 지혜(심혜진 분)는 방송국 성우다. 같은 방송국의 기자인 남편과 말싸움을 하다가 "나보다 학력고사 점수도 낮은 게"라고 말해버리고, 이 말에 갑자기 당황한 남편(최민수 분)은 말을 더듬는다. 〈질투〉의 하경(최진실 분)은 공채로 입사해서 시원스럽고 똑 부러지게 일 잘하는 후배로 인정받는다. 방송사 피디로 들어간 남자친구 영호(최수종 분)보다 훨씬 더 똑똑해 보인다.

이 여자들은 학력과 실력에서 남자에게 꿀릴 게 없다는 자신감을 갖고 있고, 남자처럼 직업을 갖고 돈 벌며 사회적으로 성공하는 것을 당연하다 여긴다. 그렇다고 페미니스트 투사거나 '명예 남성'인 것도 아니다. 세련된 화장과 패션 등 용모에서부터 흔히 '남성적'이라 치부될 만한 구석은 없는 여자다(물론 〈질투〉의 영호는 하경이 똑똑하고 솔직해서 여성적 매력이 없다고 불만스러워하지만 결국 마지막에는 하경을 선택한다). 이들은 그저 사회적 노동 영역에서의 성취 욕구가 여성에게도 당연한 것이며, 여자란 이유로 남자 앞에서 소극적으로 행동할 이유가 없다는 듯 자연스럽고 적극적으로 말하고 행동한다. 남성 인물이 중심을 이룬 작품에서조차 여주인공의 직업과 캐릭터의 경향은 달라졌다. 항공기 조종사를 지망하는 세 명의 남자 청년을 주인공으로 삼은 TV드라마 〈파일럿〉(이선미 극본, 이승렬 연출, 1993)의 여주인공들은 항공기 설계사와 항공지원사로 설정돼 있다. 또 남자 농구 선수 두 명이 주인공으로 설정된 〈마지막 승부〉(손영목 극본, 장두익 연출, 1994)에서는 주인공의 여자친구 두 명뿐 아니라, 농구 코트를 종횡무진 뛰어다니는 털털한 '여자 사람 친구'(신은경 분)가 큰 관심을 모았다.

주목할 만한 것은 작품에서 이들 부모의 비중이 매우 작다는 점이다. 부부싸움이 끊일 날 없는 〈결혼 이야기〉의 두 주인공은 오랜만에 가진 시부모와의 식사 자리에서 이혼하겠다고 폭탄선언을 해버리고는 곧 헤어진다. 부모가 등장하는 장면은 그 정도에 그친다. 시집살이는 물론 스트레스를 유발하는 온갖 집안 대소사 장면도 없다. 이들에게는 결혼도 이혼도 자유로워 보인다. 시부모는 당연히 이혼을 반대했을 테지만 영화는 이런 갈등을 장면화하여 구구절절 늘어놓지 않는다. 그들의 결혼과 이혼에서 부모란 그리 중요한 변수가 아니라는 식이다. 드라마 〈질투〉의 하경은 줄담배를 피우는 소설가 엄마와 둘이 산다. 자신의 욕망을 솔직히 털어놓고 수시로 상의하며 '농담 따먹기'가 아무 렇지도 않은 친구 같은 이 모녀는 그 시절까지 어떤 방송드라마에서도 보지 못한 파격적으로 새로운 가족이다. 이 두 작품의 주인공은 남녀 불문하고 오랫동안 한국인을 잡고 있던 끈적거리고 억압적인 가족관 계의 굴레로부터 '쿨하게' 놓여나 있는 듯 보인다. 직업 선택은 물론 연 애·결혼·이혼에 이르기까지 부모가 간섭하지 않거나 설사 간섭이 있 다 하더라도 그것이 그들에게 큰 문제가 되지 않는다. 이들은 충분히 자유주의적이고 개인주의적으로 사는 독립적인 개인이다.

## 세상도 여자도 바뀌었다

물론 〈결혼 이야기〉나 〈질투〉처럼 젊고 새로운 경향의 작품 속 여주인 공의 모습이 꼭 당대 젊은 여성의 현실과 일치한다고는 말할 수 없다. 늘 그러하듯 이렇게 새롭게 부상하는 젊은 취향의 작품은 상당한 정 도의 과장과 거품이 끼여 있기 마련이다. 하지만 상대적으로 보수적인 기성세대의 시선까지 반영한 가족물 드라마 〈사랑이 뭐길래〉(김수현 극 본, 박철 연출, 1991) 속의 여주인공 역시 이전과는 상당히 다른 캐릭터라 는 점에서, 어쨌든 이 시대의 변화가 현실 속에서 분명히 일어나고 있 음은 부정할 수 없다. 이 드라마는 자유분방한 가정에서 성장한 법학 과 대학원생인 지은(하희라 분)이 보수적이고 가부장적인 가정의 장남 대발(최민수 분)과 결혼하여 시부모를 모시고 함께 살면서 벌어지는 희 극적인 삽화로 가득 차 있다. '양옥집 가정'과 '한옥집 가정'의 문화충돌 이 늘 양옥집 가정을 풍자하고 한옥집 가정을 모범으로 추켜세우는 결말로 가기 일쑤였던 1960~1970년대 드라마와 달리, 이 드라마는 절묘한 양시양비(兩是兩非)의 거리감을 유지한다. 중요한 것은 지은과 그의 친정엄마(윤여정 분)의 시선으로 성차별적 문화의 부당함이 적절히 지적된다는 점이다. 예컨대 지은은 아주 보수적인 대발의 박력 있는 남성미가 좋아서 결혼할 정도로 페미니즘과는 거리가 먼 인물이지만, 여자와 남자가 다른 밥상에서 식사하는 관습에 대해 시아버지 면전에서 또박또박 부당함을 지적한다. 어쩔 수 없이 밥상을 나누어야 한다면 아들이 아니라 시어머니가 시아버지와 겸상을 해야 한다는 주장이다(2020년 웹드라마 〈며느라기〉에서 성차별적 가족문화에 대해 시부모 앞에서 입바른 소리를 하는 맏며느리가 파격적이라 느껴지는 현실을 생각하면 30여 년 전 지상파 드라마의 이런 며느리 캐릭터는 주목할 만하다). 어쨌든 1990년대는 현실에서나 작품에서나 새로운 젊은 여성이 등장하는 시대였음은 분명하다.

이렇게 1990년대에는 여자가 바뀌었고 세상도 바뀌었다. 자본주의 사회는 지속적인 성장을 하고 우리 사회도 자본주의 선진국과 같은 삶이 이미 가능해지기 시작했음을 피부로 느끼게 됐다. 능력과 노력만 뒷받침된다면 남녀 누구나 자유롭고 독립적인 개인으로 풍요롭게 살 수 있을 것 같았다. 당연히 이런 사회에서는 나 홀로 계층 상승을 해도 죄책감을 느낄 일이 아니며, 부자 남자와 결혼해도 속앓이하는 며느리로 살지 않을 수도 있다는 꿈을 꿀 수 있었을 것이다. 행복한 결혼과 직업적 성공이 쉽진 않겠지만 아주 불가능하다고 여기지는 않게 된 시대, 즉 오래간만에 대중의 마음속에 희망이 깃든 시대였다. 물론 현실이 낙관적이었다기보다는 당시 젊은 대중이 지니고 있던 세상에 대한 생각과 느낌이 그러했다고 보는 것이 옳다.

1992년에 이렇게 시작한 변화는 몇 년 뒤인 1990년대 중반에 이르러 훨씬 더 확산하고 대중화됐는데, TV드라마에서 신데렐라 이야기가 시작된 것은 바로 이때였다. 세련된 고학력 여성을 중심에 놓은 작품으로 시작한 1990년대식 작품에서 나타난 세상에 대한 낙관적이고 희망적인 태도는 1990년대 중반에 이르러 저학력의 가난한 여성 주인공의 성공 이야기로 꽃피었다. 시대적 변화가 완전히 안착한 시기였고, 신데렐라 이야기의 유행은 이를 선명하게 보여주는 경향이었다.

물론 현실에서 이렇게 상승 국면은 오래 지속되지 않았다. 1997년 외환위기를 계기로 신자유주의의 혹독한 현실이 펼쳐졌기 때문이다. 하지만 1960~1970년대의 산업화와 1970~1980년대의 민주화를 어느 정도 성공시키고 1990년대에 선진국 대열에 들어섰다는 자부심, 1990년대에 맛본 자유주의의 경험, 게다가 오랫동안 오로지 퇴보 없는 성장만 해본 경험은 상당 기간 희망과 낙관의 태도를 유지하도록 만들었다. 바로 이 기간이 신데렐라 이야기가 인기를 얻은 시기였다. 비현실적인 대리만족의 서사나마 삶에 대한 희망과 자신감이 뒷받침됐기 때문에 가능한 현상이었다.

# 캔디렐라와 악녀의
# 경쟁




## 신데렐라 이야기도 변화한다

1990년대 중반 드디어 한국 대중예술사에서 처음으로 신데렐라 이야기가 본격적인 인기를 얻었다. 이때부터 시작된 이 유행은 짧게는 2000년대 중반까지, 길게는 2010년대 초까지 지속됐다. 짧게는 10여 년, 길게는 15년 이상의 기간이니 결코 짧다고 할 수 없다.

그런데 이 10~15년 동안 텔레비전드라마의 신데렐라 이야기가 모두 동질적이라고는 볼 수 없다. 여성 인물이 주인공이 되어 행복한 결혼과 계층 상승을 동시에 성취하는 신데렐라 이야기라는 점은 공통적이지만, 작품마다 크고 작은 차이가 있을 뿐 아니라 미세한 변화의 흐름 또한 감지된다. 앞서 1990년대 중후반 신데렐라 이야기의 주인공이 '캔디'형 신데렐라인 '캔디렐라'라고 설명했는데, 2000년대 전반기에 '캔디렐라'라는 신조어가 대중에게서 나오기 시작했다는 것은 대중 스스로 문화적 맥락 잡기가 가능할 정도로 이 인물형이 익숙해졌음을 의미한다. 다른 한편 이는 이 익숙함에서 벗어나기 위한 변형이 본격화될 것임을 예고하는 징후이기도 했다. 이후 '순대렐라', '줌마렐라' 등의 '-렐라' 신조어가 나오게 되는데, 이는 10~15년간의 신데렐라 이야기의 드라마가 보여준 변화 양상의 산물이다.

## '야망의 콩쥐팥쥐'형 이야기와 악녀

1994년 〈사랑을 그대 품 안에〉로 시작한 신데렐라 이야기 드라마의 첫 인기 경향은 내가 '야망의 콩쥐팥쥐'형 드라마라고 명명한 유형, 즉 재능 있고 착한 여주인공과 이를 시기하는 악한 여주인공이 직업적 성공과 사랑의 경쟁을 벌이는 이야기다.¹ 〈사랑을 그대 품 안에〉에 뒤이은 1997년 〈신데렐라〉(정성주 극본, 이창순 연출), 〈별은 내 가슴에〉(이선미·김기호 극본, 이진석 연출)부터 이 경향은 뚜렷해졌고, 1999년 〈토마토〉(이희명 극본, 장기홍 연출), 2000년 〈진실〉(김인영·소현경 극본, 장두익 연출), 〈비밀〉(정유경 극본, 김사현 연출), 〈이브의 모든 것〉(박지연·오수연 극본, 이진석·한철수 연출) 등으로 이어지며 이 시기의 인기 경향으로 자리를 굳혔다. 착한 여주인공과 자매·동창생처럼 친밀한 관계의 악녀가 같은 직장(혹은 분야)에서 일하며, 그 회사 후계자와의 사랑을 놓고 경쟁하는 이야기가 주를 이룬다. 착한 여주인공은 재능·심성이 훌륭하여 자연스럽게 후계자의 눈에 띄는데, 악녀는 착한 여주인공의 성과를 가로채고 방해하며 사랑까지도 빼앗으려고 모함까지 일삼지만 결국 그 악행이 탄로 나며 몰락한다.

　신데렐라 설화와 비교해볼 때 이 시기 '야망의 콩쥐팥쥐형' 드라마에서는 몇 가지 특징이 눈에 띈다. 하나는, 여주인공의 주요한 관심사가 부자 남자와의 사랑 못지않게 직업적 성공 쪽에도 강력하게 기울어져 있다는 점이다. 이미 캔디렐라의 속성 안에 직업인으로서의 성공 욕망이 있음을 지적했는데, 이 시기 드라마가 보여주는 직업적 성공의 야망은《캔디 캔디》와는 비교할 수도 없이 강하다. 직종은 주로 디자이너나 앵커우먼 등 흔히 여성의 진출이 상대적으로 유리한 고소득 전문직이라는 점도 주목할 만하다. 물론 직장 일의 형상화가 '전문직 드라마'처럼 섬세하지는 않으며, 디자이너나 앵커우먼 등은 그저 창의성·고소득·화려함 등을 고루 갖춘 '폼 나는 커리어우먼'의 대표적 직종으로 내세워진 감이 크다.

　또 하나의 특징은, 악녀 캐릭터의 비중이 높고 때때로 여주인공보다 더 낮은 계층 출신으로 설정된 경우도 적지 않다는 점이다. 낮은 계층 출신의 악녀 캐릭터는 일반적인 신데렐라 설화 속의 의붓언니는 물론《캔디 캔디》의 악녀인 귀족의 딸 이라이자와도 다른 특성이라는 점에서 주목을 요한다.

　이 시기 드라마 속 악녀 캐릭터의 활약은 이 부류의 드라마에만 국한되는 것이 아니다. 같은 시기 인기를 끈 불치병 소재의 드라마나 사극에 이르기까지 새로운 트렌드의 작품에 두루 등장했다. 바야흐로 악녀의 전성시대가 이때부터 열린다고 할 만하다. 1980년대 텔레비전 드라마에도 〈사랑과 진실〉(김수현 극본, 박철 연출, 1984~1985), 〈장희빈〉

(임충 극본, 유길촌 연출, 1981) 등에서 매력적인 악녀 캐릭터가 선보인 적이 있으나, 악녀가 공감을 얻는 캐릭터로 확실히 안착한 것은 1990년대부터라고 보는 것이 옳을 것이다. 이는 그들이 왜 악행을 저지를 수밖에 없는지 수용자가 공감한다는 것을 의미할 뿐 아니라, 음모를 통해 상대방을 거꾸러뜨리고 사소한 것을 빌미 삼아 앙심을 품거나 질투심에 사로잡혀 기어이 복수하고야 마는 등 그들의 악행에 대한 허용의 태도가 높아졌음을 의미한다.

악녀는 대개 두 가지 유형이다. 하나는 착하고 가난한 여주인공을 궁지로 모는 부잣집 딸 유형이며, 다른 하나는 돈도 배경도 없으나 계층 상승의 야망과 경쟁의식이 강해 상대적으로 부유한 여주인공의 것을 교묘하게 빼앗고 괴롭히는 유형이다. 대개 부자 악녀보다 가난한 악녀가 더 입체적으로 형상화되며 공감의 폭도 크다. '야망의 콩쥐팥쥐'형 드라마인 〈이브의 모든 것〉, 불치병 소재 드라마인 〈천국의 계단〉 (박혜경 극본, 이장수 연출, 2003~2004) 속의 악녀가 대표적이다. 가난한 고아인 자신과 달리, 부모 잘 만나 별 어려움 없이 귀여움을 받으며 성장하면서 순진하고 반듯한 성격의 친구에게 질투를 느끼는 악녀 캐릭터는 그 소외감에서 비롯된 분노와 복수심이 위험천만해 보임에도 꽤 설득력 있다. 그러나 자신이 가져야 마땅하다고 기대했던 것을 가난한 '굴러온 돌'에게 빼앗긴 상실감으로 복수와 악행을 저지르는 부잣집 딸 악녀 캐릭터 역시 종종 매력적으로 드러나기도 했던 것이 이 시대 드라마였다. '야망의 콩쥐팥쥐'형 드라마의 구도를 가져온 〈대장금〉(김영현 극본, 이병훈 연출, 2003)의 최 상궁과 최금영이 대표적이다. 자신이 잘못한 것도 없는데 1등 자리를 빼앗겼다는 상실감에 사로잡혀 있고 심지어 이로써 자신과 가문의 정체성이 흔들린다고 느낀다. 그래서 당연히 자신의 것이어야 마땅한 승자의 자리와 무너진 자존심을 회복하기 위해서는 악행이라도 저지를 수밖에 없다는 절박함이 설득력 있게 그려졌다.

## 외환위기와
## 강박적 경쟁

직업적 성공에 대한 큰 욕망 그리고 악녀 캐릭터의 부상, 이 두 가지 특징은 이 시대의 신데렐라 이야기가 1980년대 한국 순정만화에서 보여준 정치·사회적 야망을 지닌 여주인공의 부상에 뒤이어 나타난 현상이라는 점과 함께 생각해볼 만하다. 즉 1980년대의 10대 여성 청소년 수용자가 머나먼 시공간을 배경으로 사회적 성공의 꿈을 꾸었다면, 1990년대 말의 젊은 여성은 지상파 TV드라마 속에서 멋진 커리어우먼으로 성공하고 싶은 욕망을 거침없이 드러내고 있었던 셈이다. 단 1990년대 초중반 트렌디드라마가 지니고 있던 자유주의적인 신세대적 연대감은 빠르게 사라지고, 신자유주의적 자본주의 사회의 계층 사다리를 살벌한 경쟁으로 헤쳐 나가야 한다는 절박함이 두드러지고 있음이 감지된다.

　　이는 TV드라마에서 본격적으로 신데렐라 이야기가 자리를 잡은 시기가 다름 아닌 외환위기 때였다는 것과 무관하지 않다. 늘 성장할 것 같았던 한국 경제는 휘청거렸고 신자유주의 세계의 냉혹한 실체가 서서히 드러나기 시작했다. 1990년대 중반까지는 그리 심각하게 나타나지 않았던 악녀 캐릭터가 보편화된 데는 수단과 방법을 가리지 않고 남을 짓밟으며 살아남고자 하는 처절한 경쟁에 수용자가 격하게 공감했기 때문이다. 1990년대에 증폭된 화려한 욕망은 여전한데, 이를 충족하기 위해서는 살벌한 경쟁에서 경쟁자를 짓누르고 이겨야 하는 세상이 도래한 것이다. 이 시기 드라마 속의 직장은 경쟁이 존재하더라도 자유롭게 의견을 개진하고 토론하며 시행착오를 용인하며 창의성을 북돋우는 분위기가 전혀 아니다. 하급자의 생사여탈권을 쥔 상급자의 권위가 절대적인 곳이며, 따라서 그의 심기를 잘 다루는 사람이 음모를 꾸미기에 적합한 곳이다. 사소한 실수나 오해로 언제든지 경쟁에서 거꾸러질 수 있다는 불안과 공포, 밀려났다는 억울한 감정이 이들 드라마를 지배한다. 억울함은 고난을 겪는 착한 여주인공의 전유물이 아니며, 온갖 노력에도 끝끝내 왕자의 인정을 받지 못하는 악녀에게도 넘쳐흐르고, 이러한 악녀의 억울함에도 수용자는 적잖이 공감했다. 악녀 캐릭터의 부상은 살벌한 경쟁 속에서 필연적으로 생겨날 수밖에 없는 패배의 공포와 억울함에 많은 수용자 대중이 공감하는 시대로 접어들었음을 의미한다.

그래도 신데렐라 이야기는 성공담이다. 신데렐라 캐릭터의 해피엔딩으로 귀결되는 이런 드라마가 인기를 누린다는 것은 공포와 억울함이 상존하는 살벌한 경쟁의 시대에 돌입했음에도 여전히 1990년대에 형성된 성공의 희망이 유지되고 있음을 의미한다. 많은 사람의 마음속에서 이 위기를 어느 정도 극복하고 나면 경제성장은 예전처럼 회복되고 자신도 풍요롭고 자유로우며 행복한 삶을 성취할 수 있으리라는 기대감이 쉽게 사라지지 않았기 때문일 것이다. 2001~2002년 신용카드 회사의 '부자 되세요'라는 광고 문구가 엄청난 인기를 얻은 것은 경제가 어려워짐에 따라 부에 대한 갈망이 높아졌다는 점, 그럼에도 부자가 될 수 있다는 희망의 민심은 여전히 유지되고 있다는 점을 잘 보여준다. 기를 쓰고 계층 상승의 야망을 실현하고자 주인공이 격한 경쟁을 벌이는 '야망의 콩쥐팥쥐'형 드라마의 유행은 바로 이러한 민심에 바탕하고 있었던 셈이다.

## 희망의 거품이 꺼질 날은
## 머지않았다

이렇게 한국 대중예술사에서 본격적인 여성 신데렐라의 시대가 활짝 열렸고, 이 현상은 역사상 가장 자유주의적이었고 풍요로웠으며 자본주의 체제에 대한 신뢰와 희망이 컸던 1990년대라는 시대의 산물이었다. 하지만 이 신데렐라 이야기가 그 유행이 시작하자마자 악녀와의 피 말리는 경쟁, 복수와 음모의 세계로 수렴되고 마는 것은 세상에 대한 수용자의 신뢰와 희망이 그리 굳건하지만은 않다는 것을 말해준다. 같은 시기, 한국의 방송 바깥을 엿볼 수 있었던 젊은 마니아들은 여유로운 뉴욕 여성의 물욕·성욕을 일상적이며 자유롭고 편안하게 그려낸 〈섹스 앤 더 시티〉(대런 스타 외 극본, 수잔 세이들먼 외 연출, 1998)를 즐겼다. 그러나 한국의 지상파 TV 드라마는 그런 커리어우먼의 삶을 자유롭게 구가하는 것이 아니라, '2등은 아무도 기억하지 않는다'는 재벌 회장의

〈이브의 모든 것〉(2000)의 한 장면. 착한 여주인공과 악한 여주인공이 같은
직장에서 일로 경쟁하며, 그 업계의 젊은 실력자나 기업 후계자 등 '왕자님'
같은 남자의 사랑을 쟁취하려 싸우는 '야망의 콩쥐팥쥐'형 드라마의 전형적인
작품이다.

말대로 최고가 되어야 하고 최소한 내 옆의 경쟁자는 이겨야 한다는 태도로 매일 살벌한 경쟁을 치러내는 이야기로 채워졌다.

외환위기가 닥친 지 몇 년 만에 우리 사회는 국가부도를 걱정할 정도의 위기 상황은 벗어났다. 그러나 음모와 복수가 펀치는 격한 갈등의 드라마는 '야망의 콩쥐팥쥐'형 드라마를 넘어서서 다른 부류의 드라마에까지 확산했다. 앞서 언급했던 〈대장금〉뿐 아니라 〈여인천하〉(유동윤 극본, 김재형 연출, 2001) 같은 사극, 심지어 일일극이나 주말극의 가족물에까지 음모와 복수의 서사는 널리 쓰이기에 이르렀다.

그래도 2000년대까지는 계층이 상존하는 자본주의 사회에서 자신들의 미래가 좀 나아질 수 있을 것이라는 희망과 신뢰가 어느 정도는 유지됐던 것으로 보인다. 본질적으로 성공담인 신데렐라 이야기가 그래도 인기를 유지하고 있다는 것이 그 증거다. 그 희망과 신뢰가 완전히 무너져버렸을 때 신데렐라 이야기의 인기는 여지없이 흔들릴 것이다. 아직 그 시기에 이르지는 않았지만 얼마 지나지 않아 희망과 신뢰의 퇴락은 확연히 드러나기 시작했다.

# 신데렐라 이야기에 깃든
## 희극과 판타지

## 추락하는 현실과
## 남아 있는 기대감

한국 대중예술사에서 신데렐라 이야기는 부상한 지 얼마 되지 않아 살벌한 경쟁과 쟁투의 이야기로 안착했다. 외환위기 시기에 본격화된 '야망의 콩쥐팥쥐'형 드라마의 영향력은 몇 년 동안 빠르게 증대했다. 여주인공은 캔디처럼 씩씩하게 자신의 직업 영역에서 최고가 되고 그 분야 권력자와의 사랑에 성공하기 위해 전력투구하고, 경쟁자인 악녀는 여주인공의 성과와 애인을 빼앗기 위해 모략과 가해를 서슴지 않는다. 선악을 불문하고 두 주인공의 경쟁은 절박하고 패배의 상실감과 소외감도 크다. 그들 앞에는 오로지 물러섬 없는 싸움의 길만이 열려 있는 것처럼 보인다. 이런 작품의 유행 현상은 억울함, 상실감, 소외감 그리고 자기가 살기 위해서는 힘으로 상대를 제압해야 한다는 절박함이 이 시대 대중의 마음을 강하게 사로잡고 있음을 의미한다. 가까이는 외환위기로 생긴 고용 불안정이 절박함의 원인일 수 있겠지만, 길게 보면 인간관계가 윤리·사랑·진정성·공감·협력 등의 가치가 아닌 살벌한 경쟁으로 맺어져 있다는 인식이 오랫동안 학습되어왔고 신자유주의의 시대에 본격적으로 표면화된 것이라 볼 수 있다. 2000년대부터 드라마에서 본격화되는 복수 이야기는 바로 이런 태도에서 기인한 것이다.[2]

국가부도에는 이르지 않았고 IMF체제도 빠르게 끝났으나, 불안정한 고용과 계층 양극화는 점점 심화됐다. 하지만 현실이 이러하다고 대중의 사고방식과 태도까지 모조리 빠르게 바뀌는 것은 아니다. 절박함과 상실감이 드러나긴 했지만, 그래도 1990년대 초중반에 형성된 희망적 태도가 완전히 사라지는 데까지는 상당한 시간이 필요했다. 이 위기의 시간을 잘 견디면 자신에게 다시 계층 상승의 기회가 올 것이라는 기대를 완전히 버리기는 쉽지 않았다. 신데렐라 이야기가 2000년대가 다 지나도록 여전히 TV드라마에서 중심적인 서사일 수 있었던 것은 바로 그러한 사회심리 때문이었을 것이다. 하지만 현실은 기대에 어긋났고, 드라마도 어쩔 수 없이 변화하기 시작했다. 그 변화는 이미 외환위기의 충격이 어느 정도 가신 2000년대 중반에 이르러 조금씩, 그러나 분명히 나타나기 시작했다.

## 주인공의 희극적 결함
그 첫 변화는 여주인공의 야망이 축소되고 희극적 성격이 강화되는 양상이다. 2000년을 전후한 시기 '야망의 콩쥐팥쥐'형 드라마의 여주인공과 경쟁자인 악녀는 모두 직업 영역에서 성공하고 싶은 야망을 가진 인물이었다. 디자이너나 앵커우먼 같은 화려한 전문직으로 성공하고 그 직장(혹은 분야) 권력자와의 사랑에도 성공하는 여주인공이 주를 이루었다. 그러나 2000년대 중반에 이르면 신데렐라 이야기 드라마에서 성공하고자 하는 야망이 별로 없는 여주인공이 부상하기 시작한다.

　그 시작은 〈명랑소녀 성공기〉(이희명 극본, 장수홍 연출, 2002), 〈옥탑방 고양이〉(구선경 극본, 김사현 연출, 2003)가 나오던 2002~2003년 즈음이다. 이제 여주인공은 직업적 야망이 그리 뚜렷하지 않다. 미모와 품성과 함께 타고난 능력까지 갖춘 인물이 아니라는 점에서는 공통적이나, 다소간 차이가 없는 것은 아니다. 명랑하고 씩씩하며 부지런하기는 하나 별다른 직업적 야망도 없이 옥탑방에 살면서 마늘 까기 '알바'로 생활비를 버는 전문대 학생(정다빈 분)이 주인공인 〈옥탑방 고양이〉, 연애에 실패한 뚱뚱한 노처녀로 술주정을 예사로 아는 털털한 파티세(김선아 분)가 주인공인 〈내 이름은 김삼순〉(김도우 극본, 김윤철 연출, 2005), 펑퍼짐한 몸뻬 차림으로 가사와 육아에만 전념하다 이혼 후 생계형 막일로 살아가는 이혼녀(오연수 분)가 주인공인 〈두 번째 프로포즈〉(박은령 극본, 김평중 연출, 2004) 등은 평범하고 현실성이 짙은 캐릭터를 내세운 경우다. 이에 비해 부모 빚에 쫓겨 고등학교를 그만두고 상경해 얼떨결에 재벌 후계자의 가정부로 일하는 충청도 사투리의 시골 소녀(장나라 분)의 이야기 〈명랑소녀 성공기〉, 영화가 좋아 대책 없이 파리에 온 가난뱅이 유학생(김정은 분)이 자동차 회사 사장의 집에서 가정부로 일하게 된다는 〈파리의 연인〉(김은숙 극본, 신우철 연출, 2004), 인터넷 소설을 쓰는 천진난만한 여자(송혜교 분)가 얼떨결에 인기 배우의 집 가정부가 되어 구박을 받으며 함께 살게 된다는 설정의 〈풀하우스〉(민효정 극본, 표민수 연출, 2004) 등의 여주인공은 순진한 10대 소녀거나 어린애처럼 호기심 많고 다소 대책 없고 실수를 연발하는 인물로 설정된 경우라는 점에서 결이 좀 다르기는 하다. 대체로 전자가 서민 생활의 현실성이 강화된 경우라면, 후자는 귀엽고 천진난만한 여자가 얼떨결에 까칠한 부자 남자의 가정부나 아내가 되어 구박을 받다가 사랑에 빠진다는, 비현실성이 강화된 경우라 할 수 있다. 하지만 어느 쪽이든 멋진 커리어우먼의 야망 같은 것은 발견되지 않는다. 이들 주인공은 그저 남에게 무시당하지 않을 만큼 살거나, 혹은 최소한의 의식주 정도를 해결하면서 살고 싶다는 정도의 생각을 갖고 있을 뿐이다. '야망의 콩쥐팥쥐'형 드라마의 전형적인 여주인공과는 큰 차이가 있다.

## 구차한 삶이지만 엉뚱하게
## 해피엔딩

신데렐라임은 분명하지만, 출세의 야망이 없거나 이전 주인공에 비해 외모·능력 면에서 다소 부족한 인물이 새롭게 인기를 얻은 것은 흥미로운 현상이다. 이는 수용자 대중이 공감과 동일시의 대상을 바꾸었다는 의미이며, 그동안 하늘 높은 줄 모르고 올려놓았던 꿈을 조금 접고 누추한 현실을 받아들이기 시작했다는 의미다. 멋진 커리어우먼이 될 가능성은 애초부터 없어 보이고 별다른 길도 없으니 온갖 '알바'로 전문대라도 졸업해야 하는 삶, 애인도 없는 뚱뚱한 노처녀라고 집 안팎에서 구박을 받지만 그래도 꾸역꾸역 일하면서 먹고살아야 하는 삶, 예기치 않은 이혼에 돈도 집도 없이 졸지에 최하층 노동자로 전락해 굴욕적인 갑질을 견뎌야 하는 삶, 탁월한 능력도 의지도 지향도 없으니 굴욕적으로 구박을 받더라도 어쩔 수 없이 임기응변의 대응력으로 버텨 나가는 삶, 이 시기 드라마는 이런 구차한 삶을 펼쳐놓았고 수용자 대중은 공감했다. 대다수 대중의 삶은 악녀의 필사적 준동 속에서도 탁월한 의지와 능력으로 커리어우먼으로 성공하는 삶이 아니라, 이런 구차한 삶이기 때문이다.

　문제는 이렇게 구차한 조건 속의 여주인공을 설정해놓고도 결국 신데렐라 이야기의 해피엔딩을 이루어야 한다는 점이다. 그래서 이런 드라마에서는 더 많은 우연과 예상치 않은 행운이 펼쳐질 수밖에 없는데, 이를 처리해내는 하나의 방법이 희극적 성향의 강화다. 희극은 본질상 결함이 있는 주인공과 우연히 벌어지는 사건, 과장된 행동 등을 모두 포용하기 때문이다. 대기업 후계자가 시골 여고생의 목욕통에 빠지고, 뚱뚱한 노처녀 파티셰가 술에 만취해서 젊고 잘생긴 사장의 등에 업혀 구토를 하며, 가난한 파리 유학생은 까칠한 자동차 회사 후계자 집의 가정부로 들어오자마자 집 안의 온갖 물건을 만지작거리며 철없이 즐거워하며, 유명 남자배우와 위장결혼을 해서 가정부처럼 살게 된 작가 지망생은 수시로 '새(대가리)'라는 모욕을 들으면서도 시키는 대로 〈곰 세 마리〉 노래를 율동을 곁들여 부른다. 코믹한 장면화는 이들 드라마를 이끌어가는 핵심적인 힘이다. 주인공의 결혼·동거가 진지

한 결정의 소산이 아니라, 어쩌다 보니 얼떨결에 하게 됐다는 설정도 흔해졌다. 거처가 없어 부자 남자의 가정부가 되는 방식으로 한집에 기거하거나, 조부모의 오래된 결정에 따라 여고생 신분인데도 검사나 톱스타 같은 부자 남자와 결혼이란 걸 하고 함께 살게 되면서 벌이는 코믹한 이야기가 2005년 전후 몇 년간 인기를 끌었다. 수용자가 이런 희극적 과장을 너그럽게 용인할 수 있을 정도가 되어야 지나치게 비약적인 신데렐라적 행운이 그나마 조금이라도 받아들여지기 쉽기 때문이다.

## 진짜 왕세자 혹은
## 비현실적 초특권층

변화의 다른 한 방향은 판타지적 설정이다. 극의 핵심 설정에서부터 현실적 개연성이 완전히 존재하지 않는 비현실적이고 환상적인 일군의 작품이 인기를 누리는 현상이 나타났다. 이런 판타지적 설정은 희극화 경향에 뒤이어, 그 희극화 경향을 포용하면서 나타났으며, 판타지나 비현실적 설정의 허들이 비교적 낮은 만화·애니메이션의 리메이크 드라마에서부터 그 불이 붙었다.

21세기의 우리나라가 입헌군주제 나라라는 설정 아래 평범한 여고생이 황태자비로 간택된다는 〈궁〉(인은아 극본, 황인뢰 연출, 2006)이 대표적이다. 신데렐라 이야기의 드라마에서 남자주인공을 흔히 '왕자'라고 비유적인 말로 지칭해왔는데, 〈궁〉에서는 설정을 바꿈으로써 진짜 왕자, 그것도 황태자로 설정한 것이다. 선대의 오래된 약속에 따라 자신의 의지와 무관하게 어쩌다가 황태자비로 낙점된 여고생(윤은혜 분)이 궁에 들어가 마치 철없는 강아지처럼 온갖 소동을 벌이는 이야기다. 분명 당대 한국으로 설정되어 있기는 하지만 현실적 개연성은 전혀 없는 특권층 전용 고등학교를 설정한 〈꽃보다 남자〉(윤지련 극본, 전기상 연출, 2009)도 이 흐름에 있는 작품이다.

이즈음 시간 여행이나 영혼 바뀜 등 판타스틱한 설정을 하는 드라마가 늘어나면서, 이러한 드라마의 성과를 신데렐라 이야기와 접목한 작품도 많아졌다. 〈옥탑방 왕세자〉(이희명 극본, 심윤섭 연출, 2012)는 세자빈의 갑작스러운 실종을 추적하던 조선시대 왕세자(박유천 분)와 그 일행이 갑자기 21세기의 여행사 가이드로 근근이 살아가는 여자(한지민 분)의 옥탑방에 미끄러져 떨어졌다는 설정의 드라마다. 추리극의 요소가 강하고 신데렐라 드라마의 전형에서는 다소 벗어나 있기는 하나, 가난한 여자가 왕자와 사랑을 이루는 이야기는 충분히 신데렐라 이야기의 재미를 만끽하게 한다.

두 사람의 영혼이 바뀌는 설정의 드라마는 2000년대 후반부터 꾸준히 늘어났다. 주로 부부나 연적 사이에서 영혼이 바뀌어 역지사지의 묘미를 만들어내는 작품이 많았는데, 이들의 성과를 받아들여 신데렐라 이야기와 접목하면서 크게 인기를 얻은 작품이 나왔다. 〈파리의 연인〉으로 시작해 신데렐라 이야기를 이어가던 김은숙 작가의 〈시크릿 가든〉(김은숙 극본, 신우철 연출, 2010)이 그것이다. 산동네 꼭대기에서 친구와 함께 월 30만 원짜리 셋방에 사는 스턴트우먼(하지원 분)과 월세 30만 원 원룸에 사는 하층민을 한 번도 대면해본 적 없는 대기업 후계자(현빈 분)가 어쩌다 영혼이 바뀌고 결국 사랑에 빠진다는 설정의 드라마다.

이러한 판타지적 설정의 작품에서는 이전의 신데렐라 이야기 드라마와는 비교할 수 없을 정도로 남녀 주인공의 계급·신분의 차이 역시 초현실적으로 엄청나게 크다는 점이 특징이다. 황제의 아들과 평범한 여고생은 계층이 아니라 아예 신분 자체가 다르다(《궁》). 전용기를 타고 점심을 먹으러 외국의 섬으로 갈 수 있고 급우에게 폭행을 가하며 '너네 아빠 회사 부도나게 해주겠다'고 협박하는 초특권층 고등학생과 세탁소 집 딸의 계층 차이(《꽃보다 남자》) 역시 거의 신분이 다르다고 할 만큼 엄청난 격차다. 트레이닝복도 이탈리아 장인이 한 땀 한 땀 손으로 만든 명품만을 입고 다니며 월세 30만 원짜리에 사는 사람을 처음 만나봤다는 재벌 후계자와 그 정도 월세조차 친구와 나눠 내며 힘겨워하는 최하층 비정규 예술노동자의 격차(《시크릿 가든》) 역시 만만치 않다. 패션 회사의 경영자와 비정규 사원 정도 수준의 격차를 훌쩍 넘어서는 설정이다.

## 판타지가 아니면
## 넘어설 수 없는

왜 신데렐라 이야기의 드라마가 이런 두 가지 경향으로 변화한 걸까? 희극성 강화와 판타지적 설정, 이 둘은 모두 신데렐라적 계층 상승의 불가능성을 넘어서는 장치라는 점에서 공통점을 가진다. 하나는 희극성을 강화해 우연적 전개를 감행할 수 있게 함으로써, 다른 하나는 현실에서는 불가능한 판타지적 설정을 함으로써 현실에서는 도저히 불가능한 신데렐라적 계층 상승을 작품 안에서 펼쳐 나갈 때 생기는 불편함을 희석한다.

이러한 새로운 경향이 2000년대 후반에서 2010년대 초에 인기를 끌었다는 것은 수용자의 신데렐라적 계층 상승에 대한 공감이 줄어들었다는 것을 의미한다. 수용자는 그간의 신데렐라 이야기의 주인공처럼 우월한 외모·능력·의지력을 지닌 사람은 극소수에 불과하며 자신은 그에 속하지 않는다는 현실을 받아들였거나, 혹은 '왕자님'의 세상은 보통 사람이 도저히 만나볼 수조차 없을 정도로 머나먼 곳에 있다는 엄연한 현실을 받아들였다는 것을 의미한다. 사실 이 두 가지는 상식적으로 매우 당연하게 받아들일 수 있는 현실이다. 하지만 대중예술을 수용하는 순간에는 현실적 가능성이나 윤리 의식에 의해 눌려 있던 욕구·욕망이 표면화된다. 대개의 수용자는 신데렐라 이야기가 현실적 개연성이 매우 낮다는 것을 다 안다. 그래도 공감하고 재미있어한다. 숨겨져 있던 욕구·욕망을 건드려주고 가상의 세계에서나마 어느 정도 만족시켜주는 것이야말로 사람들이 대중예술을 향유하는 이유 중 하나다. 그렇다고 해서 대중예술에 현실 경험으로 얻은 현실성은 과도하게 무시한 채 오로지 욕구·욕망의 대리 충족을 극대화하려는 방향만 존재하는 것은 아니다. 수용자와 그들이 놓인 사회·문화적 환경에 따라 매우 다양하긴 하지만, 대중예술에서 요구하는 현실성과 욕구·욕망의 균형적 적정선이 있으며, 그 균형이 과도하게 깨지면 수용자의 공감과 그로 인해 발생하는 쾌락은 감소하게 된다.[3] 다시 신데렐라 드라마로 돌아가 정리해보자. 이 시기 신데렐라 드라마의 경향 변화는 이를 즐기는 수용자가 자신의 감정이입 대상인 여주인공의 초라한 현실을 인정하고, 부자 남자와의 대면이 판타지 설정 속에서나 만날 수 있을 만큼 불가능하다는 사실을 마음으로 받아들였다는 의미이며, 이는 현실성과 욕구·욕망의 균형이 몇 년 사이에 변화했다는 것을 의미한다. 즉 욕구·욕망의 실현 불가능성을 자꾸 깨달을 만큼 현실이 냉혹하다는 것을 인정하게 될 정도로 수용자의 심리적·현실적 상황이 바뀌었다는 것이다.

실제로 2000년대 후반에 이르러 경제적 양극화가 고착될 수 있다는 불안감이 분명히 대중에게 체감되기 시작했다. 1990년대 초중반에 한국의 대중은 사회주의권 붕괴 이후 형성된 미국 중심의 신자유주의 시대에 대한 장밋빛 희망을 갖고 있었다. 1997년 말 외환위기의 충격으로 이 희망과 기대가 흔들리기는 했지만, 20세기 후반 한국의 경제가 늘 그랬듯이 고도성장의 길로 복귀할 수 있을 것이라 여겼다. 그러나 IMF체제에서 빠르게 벗어날 정도로 회복 속도가 빨랐음에도 빈부의 양극화는 회복되지 않았다. 2007년에 이르러 우석훈·박권일의 책 《88만원 세대》가 각별한 주목을 받으며 베스트셀러가 되고, 계층 상승의 사다리가 끊겼다는 인식이 널리 퍼지기 시작했다. 외환위기 직후였던 2000년대 전반기까지도 어느 정도 유지됐던 희망과 신뢰가 확연히 꺾이기 시작한 것이다. 이러한 양극화는 점점 심해져서 2011년에는 '삼포세대'라는 용어가 자리 잡을 만큼[4] 사회 초년생인 청년이 연애·결혼·출산을 포기할 정도로 자신의 계층 상승 가능성을 낮게 받아들이는 지경에 이르렀다. 희극성을 강화하여 얼렁뚱땅 남발되는 우연적 사건의 연속 혹은 영혼이 바뀌거나 시간 여행을 하는 판타지 설정이 아니고는 진정성 있는 연애·결혼을 통한 급격한 계층 상승이란 상상조차 할 수 없게 된 것이다. 연애와 결혼은커녕 그 엄청난 계층적 차이를 지닌 남녀가 대면하는 것조차 불가능하다고 느낄 정도로 계층 격차가 벌어진 상황은 신데렐라 드라마의 대중적 공감을 크게 떨어뜨렸고, 이에 대한 고육지책의 출구가 희극성 강화와 판타지 설정이었던 셈이다.

　한편 남자주인공의 캐릭터가 변화한 것도 이러한 사회심리의 변화와 무관하지 않다고 보인다. 이즈음의 신데렐라 드라마 속의 남자주인공은 이전 드라마의 남자주인공과 달리 안하무인이거나 이기적이거나 다소 몰상식한 캐릭터로 변화했다. 젊고 잘생긴 대기업 후계자가 예의 바르고 남에 대한 배려가 넘치는 훌륭한 인품을 지니고 있다는 식의 설정이 점점 사라지고, 오로지 폐쇄적 환경에서 귀하게 자란 탓에 까칠하고 신경질적이고 무례하고 서민에 대한 이해가 매우 부족한, 속된 말로 '싸가지 없는 왕자님' 캐릭터로 점차 변모했다. 이런 결함이 많은 캐릭터는 희극적인 전개에 적합하여 기능적으로 유리할 뿐 아니라, 서민의 삶과 극단적으로 유리된 초특권층의 캐릭터로 하층의 여주인공이 감히 가까이할 수 없는 접근 불가능성을 보여주는 장치라는 점에서 수용자의 사회심리를 보여주는 것이기도 하다. 계층 상승에 대한 기대와 희망이 사라지면서 부자에 대한 호감도 역시 떨어질 수밖에 없고, 근접하기 힘들 정도의 초특권층 부자에 대한 심리적 거리감이 이런 캐릭터의 변화로 나타난 것이라 할 수 있다.

드라마 〈시크릿 가든〉(2010)의 예고 포스터. 신데렐라 이야기와 판타지가
결합된, 이 시기의 인기 트렌드를 보여주는 작품이다.

## 만화방창(萬化方暢) 혹은
## 쇠락 직전

2010년대 초반만 하더라도 표면적으로는 신데렐라 이야기를 지닌 드라마가 승승장구하는 것처럼 보이기도 했다. 작품 수가 많을 뿐만 아니라, 앞에서 살펴보았듯이 다양한 변주를 보여주는 작품이 나타나 표면적으로는 만화방창의 상황처럼 느껴지기 때문이다. 그러나 그러한 변주의 방향과 그 바닥에 깔린 사회의 변화를 생각해보면, 이는 신데렐라 드라마의 인기가 쇠락하기 직전의 현상이었다.

이미 신데렐라 이야기와는 전혀 다른 종류의 드라마가 등장하여 새로운 인기 경향으로 안착할 조짐을 보이고 있었다. 2010년대 중반에 다다르면 신데렐라 드라마의 쇠락은 돌이킬 수 없는 흐름이라 판단될 정도가 됐다. 이후에도 신데렐라 드라마는 계속 제작됐으나 이전과 같은 영화를 누리지 못했다. 행복한 연애와 결혼을 통한 계층 상승의 꿈은 계층이 존재하는 세상에서는 사라질 수 없는 인간의 욕망이기에 신데렐라 이야기는 잔재처럼 드라마에 남아 있긴 했지만, 이미 그 전성기는 훌쩍 지나가 버렸다.

# 신데렐라 이야기가
# 물러간 자리

## 평범하고 잔잔한
## 사랑 이야기

2010년대에 들어서서 신데렐라 드라마의 쇠락 현상은 분명해졌다. 그렇다고 드라마에서 결혼을 통한 계층 상승 욕망이 사라진 것은 아니다. 인간사회에 계층이 존재하는 한 이 욕망이 사라질 수는 없는 노릇이다. 단지 행복한 연애·결혼과 동반한 비약적 계층 상승이라는 신데렐라 이야기로 나타나지 않거나, 드라마의 인기 흐름에서 밀려나는 양상을 보였다는 것이 이 시대를 살펴보며 주목해야 할 지점이다. 이 시대에 나타난 신데렐라 이야기의 쇠락 양상은 매우 다양하다.

무엇보다도 2010년대 중반 이후 애정물 드라마의 주목받는 인기작이 신데렐라 이야기를 크게 벗어난 작품이라는 점은 시사하는 바가 크다. 〈가을동화〉(오수연 극본, 윤석호 연출, 2000), 〈미안하다 사랑한다〉(이경희 극본, 정성효 연출, 2004), 〈봄날〉(김규완 극본, 김종혁 연출, 2005) 등 신데렐라 드라마와는 별개로 꾸준히 공존했던 운명적이고 비극적인 사랑 이야기는 일단 열외로 치자. 희극성이 강하든 약하든 간에 행복한 연애·결혼의 성공으로 마무리되는 신데렐라 이야기와는 워낙 이질적인 부류이기 때문이다. 그런데 신데렐라 드라마가 쇠락하는 2010년대에 신데렐라 이야기와 운명적이고 비극적인 사랑 이야기를 포함한 열도(熱度)가 높고 주인공의 운명이 심한 부침을 겪는 애정물 드라마 전체가 그리 인기를 얻지 못하는 경향을 보였다는 점은 분명 주목할 만하다. 대신 이때까지는 별로 관심을 모으지 못했던, 평범한 중하층 청년의 일상적이며 잔잔한 사랑 이야기가 새롭게 인기를 얻었다. 〈청춘시대〉(박연선 극본, 이태곤 연출, 2016), 〈쌈, 마이웨이〉(임상춘 극본, 이나정 연출, 2017) 등이 대표적이거니와, 〈또 오해영〉(박해영 극본, 송현욱 연출, 2017)처럼 판타지적 설정의 작품조차 신데렐라 이야기와는 무관한 작품이다. 이들 작품은 얽히고설킨 애증 관계와 격하게 전개되는 극적인 사건 같은 것과는 거리가 멀다. 주인공은 오히려 매일 부딪히는 학업·직업·생계 문제를 싸안고 살아가며 연애·결혼이 자신에게도 과연 가능하며 필요할까 하는 고민을 하는 인물이다. 새로운 상황을 만나 실패하는 것에 대한 두려움이 강한 요즈음 젊은 세대의 특성과 심리를 잘 포착한 셈이다. 부침이 심하고 선이 굵은 사건보다는 일상적 삽화를 실감 나게 형상화하는 데 강점을 보이며, 그 삽화가 종종 코믹하다는 것도 특성이다.

## 신데렐라? 오히려 심순애

한편 한국 대중예술사에서 익숙하게 존재해왔던(사실상 신데렐라 캐릭터보다 훨씬 더 오랫동안 강력한 힘을 발휘해왔던) 심순애 캐릭터가 다시 부상하는 양상도 나타났다. 신데렐라 드라마에서도 여주인공과 맞서는 악녀 캐릭터 중에는 사랑의 진정성 없이 오로지 돈과 권력 때문에 부자 남자와의 연애·결혼에 목을 매는 심순애 형의 인물이 흔했다. 그러나 2010년대에는 〈세상 어디에도 없는 착한 남자〉(이경희 극본, 김진원 연출, 2012), 〈야왕〉(이희명 극본, 조영광 연출, 2013)처럼 제1여주인공(혹은 이에 육박할 정도로 비중이 큰 제2여주인공)이 심순애 형으로 설정되는 작품이 늘어나기 시작했다. 특히 이 시기부터 복수 이야기나 전문직 이야기가 인기몰이를 하고 애정물과 혼용되는 현상이 늘어나면서 계층 상승을 위해 연애·결혼을 도구화하는 인물이 남녀 불문 모두 늘어난 것이 눈에 띈다.

한국 대중예술사에서 강력한 힘을 발휘하던 심순애 형 인물의 재등장은 신데렐라 드라마의 쇠락을 보여주는 상징적인 현상이라 할 만한데, 특히 신데렐라와 심순애의 두 특성을 오가는 여주인공을 설정한 〈청담동 앨리스〉(김지운·김진희 극본, 조수원 연출, 2012)는 신데렐라 드라마의 쇠락이라는 사회적 배경을 생각하는 데 많은 시사점을 준다. 여주인공 한세경(문근영 분)은 타고난 재능과 성실함으로 국내 예술고등학교와 대학에서 디자인을 전공하고 많은 공모전에서 입상하는 등의 스펙을 쌓았다. 그는 한국 최고의 패션가인 청담동에서 디자이너로 일하는 게 꿈이지만, 이런 스펙으로도 도저히 청담동 패션계에 입성할 수가 없다. 그곳을 채우는 사람들은 부모 대부터 부유층인 이른바 '금수저' 출신으로 부유한 소비 생활과 긴 외국 경험을 통해 고급스러운 안목과 폐쇄적 인맥을 지니고 있으며, 서민 출신은 아무리 재능이 있고 노력을 기울여 실력을 쌓아도 이를 가질 수 없기 때문이다. 그곳은 마치《이상한 나라의 앨리스》속의 세상처럼 입구가 보이지 않는 폐쇄적인 미로의 세계다. 한세경은 자신을 그 세계로 들어갈 수 있도록 해주는 '시계토끼'가 있어야 한다고 생각하고, 몇 번의 시도 끝에 청담동 패션계의 거물 남자(박시후 분)의 호감을 얻는 데 성공한다. 이쯤 되면 한세경은 그 사랑에 성공한다 해도 신데렐라가 아니며, 오히려 심순애에 가깝다. 남자는 한세경을 진심으로 사랑하지만 한세경은 '시계토끼'가 필요해서 그 남자에게 접근했기 때문이다. 그러나 한세경은 점점 그 남자를 진정으로 좋아하게 되면서, 애초에 그 남자에게 사랑의 진정성 없이 접근했다는 것에 죄책감을 느끼며 그 사랑을 계속해야 하는지 고민하게 된다. 심순애로 시작해 신데렐라가 되어가는 독특한 인물이다.

이 드라마는 그간 신데렐라 드라마에서 익숙해진 여러 클리셰를 깔아놓고 적절히 변형하는 방법으로 2010년대의 달라진 세계 인식과 사회심리를 드러낸다. 보통 사람은 아무리 노력해도 입성할 수 없는 청담동 패션계는 부모의 계층에 따라 자신의 계층이 정해지고 '금수저'의 세계로 올라가는 계층 상승 사다리가 끊겨버린 세상을 보여주는 흥미로운 상징이다. '흙수저'는 죽었다 깨어나도 '금수저'가 될 수 없다는 절망적 인식이 이런 대중 드라마에서조차 확연히 드러난 셈이다. 이 정도라면 이미 진정성 있고 행복한 연애·결혼을 통한 계층 상승에 성공하는 신데렐라 이야기는 대중적 호소력을 상실할 수밖에 없다.

## 천하의 김은숙도

⟨파리의 연인⟩의 대성공 이후 신데렐라 드라마의 대표 주자가 된 작가 김은숙의 변화 역시 신데렐라 드라마의 쇠락이라는 점에서 주목할 만하다. '황금의 손'인 김은숙조차 이 쇠락의 흐름을 거스르지 못했기 때문이다.

김은숙의 작품 중 신데렐라 드라마로 성공한 마지막 작품은 2012년 ⟨시크릿 가든⟩이다. 전문직 이야기, 판타지 설정 등 그 시기에 유행하는 새로운 경향을 재빠르게 흡수해온 김은숙은 ⟨시크릿 가든⟩에서 '영혼 바꿈'이라는 판타지 설정에 신데렐라 이야기를 버무려 신데렐라 이야기가 그 시기 도달할 수 있는 최고의 인기를 얻었다. 앞서 이 작품이 판타지적 설정이 아니면 사랑은커녕 대면조차 가능하지 않은 계층 양극화의 세계를 징후적으로 보여준다고 이야기했다. 김은숙은 이 바로 다음 작품에서 판타지 설정을 없앤 신데렐라 드라마 ⟨상속자들⟩(김은숙 극본, 강신효 연출, 2013)을 내어놓는데, 중국 등 해외시장에서 인기를 얻었음에도 국내에서는 김은숙의 전작에 비해 인기의 열기가 크게 하락했다.

이후 김은숙이 내놓은 세 편의 인기작이 모두 신데렐라 이야기와 거리가 먼 작품이라는 점은 예전과 같은 신데렐라 이야기로는 더 이상 인기를 얻을 수 없다는 판단 때문이었을 것으로 추측한다. ⟨태양의 후예⟩(김은숙·김원석 극본, 이응복 연출, 2016)는 재난물과 전쟁물을 김은숙

스타일로 소화한 작품으로, 설정부터 신데렐라 이야기와는 거리가 멀다. 여주인공(송혜교 분)은 남부럽지 않은 대형 병원 의사이고 남주인공(송중기 분)은 오히려 사회적 지위나 재산 등에서 이보다 훨씬 못한 직업군인이기 때문이다. 그리고 재난·사고·국지전 등 육체적 위험이 상존한 해외 분쟁 지역이라는 공간적 배경은 신데렐라 이야기가 매력을 발휘하기 힘든 설정이다. 그곳은 대기업 후계자의 돈과 권력이 힘을 발휘할 수 없는 공간이기 때문이다. 오히려 육체적으로 강인하고 윤리적이며 배려심 많고 용기 있는 직업군인이야말로 그곳에서 가장 빛을 발하는 캐릭터다.

뒤이은 드라마 〈도깨비〉(김은숙 극본, 이응복 연출, 2016~2017)는 가난한 고아 여고생(김고은 분)과 그를 보호해주는 멋진 남자 도깨비(공유 분)라는 설정이 신데렐라 이야기의 요소를 어느 정도 이어받았다고 할 수 있다. 그러나 작품의 핵심은 여주인공의 연애·결혼을 통한 계층 상승과는 거리가 멀다. 여주인공이 도깨비의 힘으로 물질적 풍요로움과 꿈같은 사랑의 행복감을 얻긴 하지만, 그가 사랑하는 도깨비는 고려 귀족으로 수백 년 동안 죽지 못한 채 매일 죽을 듯한 육체적 고통과 악귀의 위협을 견디며 평안한 소멸에 이르는 것만을 구원처럼 여기는 인물이다. 여주인공은 '도깨비 신부'의 운명을 지니고 태어나 자신의 손으로 사랑하는 남자를 소멸·안식의 길로 떠나 보내야 한다. 고통과 비극이 예정된 운명적이고 비극적인 사랑 이야기다. 〈미스터 션샤인〉(김은숙 극본, 이응복 연출, 2018) 역시 신데렐라 이야기가 아니기는 마찬가지다. 구한말 의병 활동에 몸을 던지는 양반가의 딸인 여주인공(김태리

분)과 그를 도우며 투쟁에 합류하다 목숨을 바치게 되는 노비 출신 군인(이병헌 분), 이 둘이 처한 상황은 다양한 시공간에서 복잡한 적을 감당해야 한다는 점에서 〈태양의 후예〉의 상황보다 훨씬 더 위험하며, 저승의 안락함조차 설정되어 있지 않다는 점에서 〈도깨비〉의 남녀 주인공보다 더 비극적이고 고통스러운 운명이다.

내리 세 편을 신데렐라 이야기를 벗어난 작품으로 성공한 김은숙은 〈더 킹: 영원의 군주〉(김은숙 극본, 백상훈 연출, 2020)에서 다시 신데렐라 이야기로 회귀했으나 그해 시청률 10위 안에도 들지 못할 정도로 저조한 성적을 기록했다. 이해에 애정물 중 김은숙 작품 취향의 수용자가 좋아할 만한 선남선녀의 드라마틱 사랑 이야기(〈부부의 세계〉 등 불륜 소재 드라마가 아니라)로 최고의 인기를 모은 작품은 〈사랑의 불시착〉(박지은 극본, 이정효 연출, 2019~2020)이었다. 도처에 위험이 도사리고 있는 시공간(북한)에 놓인 재벌가 여자(손예진 분)를 도와주다 사랑에 빠지는 북한 장교(현빈 분)의 사랑 이야기가 그 내용으로, 오히려 신데렐라 이야기보다는 〈태양의 후예〉·〈미스터 션샤인〉과 공유 지점이 더 많은 작품이었다는 점에서 주목할 만하다. 말하자면 사랑의 장애물로 계층의 벽이나 부모의 반대, 연적(戀敵)의 음모 등이 아닌, 생명과 신변의 위험이 상존하는 상황이 설정된 작품이 연이어 인기를 모았던 것이다.

## 신데렐라 이야기가
## 물러간 자리

생명과 신변의 위험을 느낄 정도로 불안한 일상 속 사랑 이야기가 인기를 누리는 현상은 정도의 차이가 있을 뿐 다른 애정극에서도 확인된다. 앞서 거론한 〈쌈, 마이웨이〉처럼 불안한 직업과 생계, 사고나 폭력의 트라우마가 치유되지 않은 채 이어지는 일상, 감당하기 힘들 정도로 부담스러운 가족과 부조리한 직장생활의 스트레스 속에서, 그래도 죽지 않고 살아가기 위해 남녀가 만나 어렵사리 사랑하며 위로받는 이야기가 2020년대 초인 현재까지 이어지고 있다. 이들 드라마에서 연애·결혼은 자신의 인생을 바꾸어줄 만큼 기대할 만한 그 무엇으로 그려지지 않는다. 이들도 인간이기에 연애를 하고 또 그것이 행복과 고통을 안겨주는 것은 분명하지만, 사회적 노동이 이루어지는 삶을 압도할 만큼 어마어마한 것이라기보다는 바깥세상에서 생긴 상처와 스트레스를 애인·가족으로부터 치유하고 위로받는 것으로 담담하게 그려진다. 특히 〈멜로가 체질〉(이병헌·김영영 극본, 이병헌·김혜영 연출, 2019), 〈술꾼도시여자들〉(위소영 극본, 김정식 연출, 2021)처럼 여성에게 연애보다 우정이 훨씬 더 진하게 그려지면서 연애 이야기가 삽화적으로 배치되는 형태의 작품도 크게 인기를 끄는 추세다. 어쨌든 이런 드라마에서 연애와 가족은 삶의 중요한 부분이기는 하지만 인생을 획기적으로 바꿔줄 것이란 기대 따위는 하지 않는 영역으로 그려진다. 적어도 이들 작품에서는 신데렐라 이야기에서 자주 등장했던 깜짝 놀랄 만큼 화려한 부유층의 연애는 완전히 사라졌다.

이와 별개로 부유층의 연애·결혼·가족 이야기는 다른 방식으로 자리를 잡는 추세다. 최고의 강자가 되기 위한 극한 경쟁, 불륜, 음모, 범죄와 은폐, 노골적인 모욕과 복수 등 온갖 자극적 소재가 총동원되는,

이른바 '막장 드라마'로 분류되는 작품이다. 〈펜트하우스〉(김순옥 극본, 주동민 연출, 2020)가 폭발적인 인기를 모으며 이 시기의 또 하나의 주요 인기 경향으로 자리 잡았다. 이들 드라마 속의 연애와 가족은 평범한 대중이 보기에는 놀랄 만큼 화려한 동시에 끔찍할 정도로 비윤리적이다. 이런 드라마는 평소 윤리·상식으로 눌러놓고 살았던 마음 밑바닥의 욕구·욕망을 건드려 길티 플레저(guilty pleasure)를 선사한다.

2020년대 초 현재의 연애·결혼·가족 이야기는 이렇게 양극화되어 있다고도 할 수 있다. 평범한 사람의 연애·가족 이야기라는 세계와, 황홀할 정도로 화려하지만 끔찍하게 비윤리적인 부유층의 연애·가족 이야기라는 세계는 만나는 접점이 없다. 이쪽 세계에서 저쪽 세계로 연애·결혼을 통해 이동하는 캐릭터는 있지만, 저쪽 세계가 황홀하면서도 끔찍하게 비윤리적인 곳이므로 그 이동이 바람직하고 행복하게 형상화되지 않는다. 심순애 같은 죄의식·피해의식을 별로 갖고 있지 않아 신파적 미감을 만들어내지 않는다는 점이 다를 뿐, 부와 권력을 가진 자의 세상에 대한 부정적 태도는 신파적 작품이 인기를 끌던 시대에 못지않다. 신데렐라 이야기가 완전히 힘을 잃었다는 것을 잘 보여주는 지형도다.

한편 이 시기에 이르러 신데렐라 이야기는 신분제가 존재하는 전근대 배경의 퓨전 사극으로나 인기를 얻는 처지가 됐다. 궁중을 배경으로 꽃미남 왕자와 궁녀가 사랑을 나누고 거기에 정계의 사건이 사랑의 장애로 설정되는 이야기가 주를 이룬다. 이는 드라마 수용자가 애정물 드라마 속에서 급격한 계층 상승 같은 것을 더 이상 바라지 않게 됐다는 것을 의미한다. 진정성 있는 연애·결혼을 통한 급격한 계층 상승 같은 것은 '지금 이 세상'에서는 아예 꿈조차 꿀 수 없다는, 기대와 희망이 모두 꺼진 사회심리를 보여주는 셈이다.

신데렐라 이야기의 몰락에 수용자 대중의 페미니즘 의식의 상승도 어느 정도 영향을 주었을 수 있다. 1960년대와 달리 2000년 전후 인기를 얻은 신데렐라 이야기는 여성 신데렐라였으며, 한편으로는 젊은 여성의 페미니즘 의식 역시 1990년대 이후 서서히 높아지고 있었기 때문이다. 오로지 남성과의 연애·결혼만이 행복한 미래의 조건인 것처럼 그리는 신데렐라 이야기에 대한 반감이 서서히 상승하는 것은 신데렐라 드라마의 흐름 속에서도 조금씩 확인되는데, 결국 이런 드라마의 인기 하락에 영향을 주었을 수 있다. 하지만 이것이 근본적이고 핵심적인 원인이라고는 볼 수 없다. 왜냐하면 이 책에서 다루는 신데렐라 이야기의 주인공은 남녀 모두를 포함하기 때문이다. 이 시기 여성 신데렐라 이야기의 몰락이 여성 주인공의 독자적 성공 이야기나 남성 신데렐라의 대대적 출현 같은 서사의 유행 현상으로 이어진 것이 아니라는 점에서, 오히려 여성은 물론 남성조차도 이 세계에서는 선한 마음과 진정한 사랑만으로 잘살 수 있다는 기대감이 하락한 현상으로 보는 것이 더 타당하다. 2022년 한 조사에 따르면 우리 사회에 계층 상승의 기회가 열려 있지 않다는 주장에 공감한다는 답변이 무려 61.3퍼센트로, '앞으로 지금보다 잘살 수 있다'는 믿음이 우리 사회 전반에서 얼마나 희박한 상태인지를 잘 보여준다.[5] 특히 20대 여자는 73퍼센트에 달했는데, 이쯤 되면 1990년대 중반부터 시작된 여자 신데렐라 이야기의 유행이 왜 사그라졌는지 구구하게 설명할 필요도 없을 정도다. 20대 남자의 경우 47.7퍼센트로 나타나 상대적으로 희망적이라 할 수 있으나, 이 역시 결코 낮은 비율이 아니라는 점에서 드라마에서 남자 신데렐라 역시 나타날 가능성은 없어 보인다.

그렇다고 계층 상승의 욕망 자체가 드라마에서 완전히 사라진 것은 아니다. 이 시대의 대중은 20세기 전반의 대중과 달리 자본주의의 지배 질서를 충분히 체화하고 있다. 20세기 전반의 대중은 돈이 지배하는 근대 자본주의 질서를 비인간적이고 냉혹한 것이라 느끼며 돈을 욕망하는 자신에게 죄의식을 느끼는 신파적 태도를 드러냈다. 그에 비해 21세기의 대중은 자본주의 질서를 지극히 당연한 것으로 여긴다. 그럼에도 그 질서 속에서 자신의 삶이 더 이상 풍요롭고 행복해질 희망이 없다고 느끼는데, 그렇다면 도대체 문제는 어디에 있다고 생각하는 것일까?

20세기 전반의 신파적 사고방식이 문제를 개인의 윤리로 귀결시킨 것과 반대로, 21세기 대중의 불만은 자신의 바깥으로 향하는 경향을 보인다. 즉 사회로 관심을 돌리는 것이다. 갈등이 사적 세계 안에 머무는 애정물과 가족물의 견고한 아성이 흔들리면서 대신 직업물이나 추리·범죄·수사물의 인기가 두드러진 것은 이 때문이라 보인다. 특히 그중 상당수가 정계·경제계·법조계·언론계 등이 결탁하여 움직이는 권력형 비리를 소재로 삼았다는 것도 주목할 만하다. 수용자 대중은 근대 자본주의 시스템 자체에 불편함과 불만을 갖고 있다기보다는, 그것이 공정하고 합리적으로 작동하지 않는 것에 문제가 있다고 생각하

드라마 〈태양의 후예〉(2016) 포스터. 신데렐라 이야기의 최고 장인인 드라마 작가 김은숙은 이 드라마에서 신데렐라 이야기를 완전히 벗어났다.

는 것이다. 설사 자본주의 시스템 자체에 불편함과 불만이 있다 할지라도 그것을 대체할 것이 없다고 생각하기 때문에 그 자체에 대한 불편함과 불만은 제기하지 않고, 그것이 공정하고 합리적으로 작동하지 않는 것에 분노한다.

한편 계층 상승의 가능성이 사라져버린 것에 대한 박탈감, 아무 도움 없이 오로지 자기 혼자 발버둥 치며 각자도생해야 하는 상황에 대한 절망과 분노는 복수 소재의 대대적인 유행으로 나타났으며, 추리·범죄·수사물과 긴밀하게 결합했다. 또한 계층 상승은커녕 미래의 생존조차 흔들린다고 느끼는 상시적 불안감은 공포의 감정을 바탕으로 하는 다양한 양식, 즉 재난물, 좀비물, 오컬트 등의 시도로 나타났다.

우리나라 방송드라마에서 늘 중심을 차지해왔던 애정물과 가족물의 인기가 수그러들고, 이토록 다양한 양식이 인기를 모으는 것은 매우 흥미로운 지점이다. 한편으로는 TV드라마 전반의 양적·질적 발전의 필연적 과정이기도 하지만, 주로 연애와 가족 등 사적 관계의 테두리 안에서 맴돌던 시야가 사회적 내용을 다루는 다양한 방식으로 넓어진 점은 분명 대중의 세계전유방식 변화와 무관하지 않다고 보인다. 그러나 이런 드라마의 새로운 흐름 전체를 이 지면에서 다루기는 힘들며, 다른 자리에서 본격적으로 분석할 일이다.

신데렐라 이야기,
그 부침의 의미

## 100년 동안 딱 두 번

이 책의 여러 곳에서 신데렐라 이야기가 인기를 누리는 현상의 의미를 이야기했다. 결혼을 통한 계층 상승이 행복한 것으로 그려지는 신데렐라 이야기를 많은 사람이 즐기는 사회라는 것은 계층이 높은 자와 낮은 자로 나뉜 불평등한 지배 질서를 사람들이 부당하다고 느끼지 않는 사회, 돈·권력이 있는 자가 부도덕하거나 무능력하다는 의심과 불만이 그리 지배적이지 않은 사회다. 그런 점에서 많은 사람이 불평등을 당연한 것으로 받아들이는 보수적인 사회이며, 사회에 대한 불만과 불신이 팽배하지 않고 그 나름대로 세상에 대한 신뢰를 유지하는 사회다. 특히 신데렐라가 타인보다 월등하게 뛰어난 문제 해결 능력과 그 힘으로 세상을 구하는 영웅적 능력을 지닌 인물이 아니라는 점에서, 그저 선함이나 사랑 같은 내면적 진정성을 유지하면 머지않아 높은 계층으로 상승하여 가정과 사회에서 존중받고 행복해질 수 있다는 믿음이 살아 있는 세상이라고 할 수 있다. 물론 앞서도 여러 번 강조했듯이, 이런 신뢰와 희망이 있다는 것은 그 사회가 객관적으로 누구나 쉽게 계층 상승에 성공할 수 있는 좋은 세상이라는 의미라기보다는, 대중의 마음속, 즉 민심과 사회심리가 그러하다는 뜻이다. 신분제도가 사라지고, 개인의 자유와 인권을 법으로 보장하는 근대 민주주의 사회의 관점에서 볼 때 신데렐라나 콩쥐가 살았을 전근대의 세상은 억압적이며 희망 없는 부당한 세상일 수 있다. 하지만 당시 그 설화를 향유했던 사람들은 왕이 지배하는 세상의 질서가 부당하다고 생각하지 않았을 것이며, 그 질서 안에서 착하게 살면 행복해질 수 있다고 믿었을 터이므로 신데렐라 이야기가 전승되며 향유됐을 것이다.

지금까지 20세기 초부터 21세기 초까지 100년에 이르는 긴 기간 동안 이어진 한국 대중예술사 속에서 신데렐라 이야기의 부침을 살펴본 결과는 자못 흥미롭다. 우리나라 대중예술사의 대부분 시기에 신데렐라 이야기는 결코 인기 있는 서사가 아니었다. 100년 동안 신데렐라 이야기가 인기 있었던 때는 1960년대 중반과 1990년대 중반부터 10여 년, 이렇게 두 번에 불과했고, 그나마 신데렐라 이야기의 기본형인 여성 신데렐라가 인기 있던 시기는 한 번뿐이었다. 그리고 이는 우리나라 대중예술의 수용자 대중이 근대 자본주의 질서가 지배하는 세상에 대해 대체로 크게 신뢰하고 있지 않았거나 많이 불편해했음을 의미한다.

## 남자의 희망과
### 1960년대

100년 동안 신데렐라 이야기가 인기를 누렸던 단 두 시기, 1960년대 중반과 1990년대 후반은 공통점이 있다. 자본주의적 성장에 대해 대체로 대중의 신뢰와 희망이 있던 시대라고 할 수 있다. 1960년대 중반은 최초의 시민혁명을 성공함으로써 이승만 정권을 몰아냈고 비록 정변으로 권력을 쥔 정권이긴 했지만 그래도 정국을 안정시키며 경제개발계획 등을 야심만만하게 추진하기 시작하면서 우호적인 민심을 얻었던 때였다. 전쟁이 끝난 지 10년이 넘었으며 여러 법과 제도가 정비되면서 사회가 약간의 안정을 회복한 시기였다. 경제개발계획이 아직 뚜렷한 성과를 드러내지는 못했으나 산업화의 빠른 진전이 이루어질 것임이 분명해 보였다. 아직은 시작의 시기여서 국가 주도의 빠른 산업화와 강력한 국가주의적 통치가 앞으로 어떤 문제를 야기하게 될지, 경제성장의 결실이 과연 많은 사람을 행복하게 해줄지, 아직은 알 수 없던 시기, 그래서 희망과 신뢰가 강했던 시기이기도 했다. 무리한 장기 집권으로 지식인과 대학생의 저항이 거세졌고 노동문제와 도시주거문제 등이 마구 터져 나오기 시작했으며, 설상가상으로 전쟁 전후에 태어난 세대가 청소년기에 도달하면서 부모뻘인 식민지 세대에 대한 불신의 태도를 뿜어대던 1970년대에 비하면, 1960년대 중반은 그야말로 순진하게 희망찬 시대였다.

그리고 이 시대에 희망차게 상승하던 신데렐라는 남자였다. 대중예술 작품의 인기를 보건대 1960년대의 민심은 가진 것 없는 남성 청년이 상승기류에 올라탄 형국이었다. 능력과 책임감과 의지까지 갖춘 남성은 말할 것도 없고, 능력과 의지는 그리 신통치 않지만 진정성 있는 뜨거운 마음만 갖추었다면 충분히 희망적이었다. 물론 진정성 있는 사랑·결혼과 계층 상승을 동시에 달성하는 신데렐라가 남자이며 자신의 능력이 아니라 처가의 도움으로 계층 상승에 성공한다는 점은 남성 중심 사회에서 큰 약점이었다. 어찌 보면 이 시대 청춘영화의 신데렐라맨이 계층을 뛰어넘는 진정성 있는 사랑까지는 성공했지만 말끔한 해피엔딩까지 성취하지 못한 것은 그런 이유일 수 있다.

## 드디어 여자 신데렐라의
## 시대 10년

그에 비해 1990년대 중반부터 펼쳐진 신데렐라의 시대는 자본주의 체제에 대한 신뢰가 훨씬 더 확고해진 때였다. 전쟁의 폐허에서 일어나 어쨌든 먹고살아야 한다며, 까마득하게 먼 거리에 있는 선진국을 따라갈 거라며 막 걸음마를 시작한 시대와는 차원이 달랐다. 비록 충분한 재분배가 이루어지지 않았고 정치는 군부 출신이 집권한 비민주적 상황을 벗어나지 못했지만, 30년 가까이 고속성장을 한 경제 상황이 뒷받침됐기 때문이다. 1990년대는 군인 출신 대통령의 시대가 끝나고 대중화된 노동운동 등으로 노동자의 살림살이가 크게 나아졌으며, 사회주의권의 몰락으로 자본주의 체제에 대한 신뢰가 어느 때보다도 높아져 있던 때였다.

이제 서구와 미국 같은 선진국이 보여준 근대 자본주의의 풍요롭고 자유로운 삶이 우리 코앞으로 성큼 다가왔다고 느꼈고, 젊은이의 자유주의적 사고방식과 태도가 역사상 어느 때보다도 넓고 깊게 자리 잡고 있었다. 재벌 총수에 대한 호감과 존경심이 어느 때보다도 높을 정도로 자본주의적 부의 축적에 대한 죄의식도 청산되고 있었다. 이런 신뢰의 밑바닥에는 이 사회에서 자신도 충분히 풍요롭고 자유롭게 잘 살 수 있으며, 그것이 당당하고 당연한 일이라는 대중의 인식이 자리 하고 있었다. 무엇보다도 수십 년 동안 여성의 학력과 사회 진출이 꾸준히 높아짐으로써, 이러한 자유롭고 풍요로운 삶에 대한 희망의 태도가 여성에게도 그리 무리하게 여겨지지 않았다는 점은 주목할 만하다.

비록 곧이어 외환위기 등의 사건을 겪으며 신자유주의의 고통이 몰아쳤지만, 수십 년 고속성장을 해오며 굳어진 사고방식과 신뢰의 태도는 몇 년간 지속됐다. 바로 이 시기가 대중적인 TV드라마에서 여성 신데렐라 캐릭터가 큰 호응을 받으며 당대 드라마의 주류 경향으로 자리 잡은 때였다.

## 신데렐라 이야기의 흐름이 비춰주는
## 한국 근현대의 사회심리

2010년대에 다시 신데렐라 이야기의 인기는 수그러들었고, 이는 계층 양극화와 높은 청년 실업 등 사회에 대한 불신이 다시 커진 시대와 일 치한다. 사람들은 계층 상승의 기회가 오기는커녕 인간답게 살 최소한 의 조건이 위태로워진 시대에 분노와 복수심과 공포심을 자극하는 드라마에 큰 공감을 보였다. 100년간의 한국 대중예술사에서 신데렐라 이야기가 가장 인기를 누렸던 시대는 이렇게 지나가고 있다.

신데렐라 이야기조차 인기를 누릴 수 없는 세상이 암울하다고 쉽게 단정하기는 힘들다. 신데렐라 이야기가 인기를 누리는 세상이 살기 좋은 사회이며 바람직한 세상이라고 이야기할 수 없는 것과 마찬가지다. 오히려 신데렐라 이야기가 인기 있는 세상은 가진 자와 못 가진 자로 나뉜 세상의 지배 질서에 대해 대중이 별 비판의식을 지니지 않는 세상, 노력과 행운에 의해 누구나 가진 자가 될 수 있다는 순진하고도 보수적인 희망이 지배하는 세상일 수 있다. 그저 우리가 살아온 100여 년이 그런 순진하고 보수적인 희망을 오랫동안 유지할 수 없는 세상이었고, 그래서 100년 동안 단 두 번의 행복하고 순진한 시대가 짧게 지나갔다고 쿨하게 생각하는 것이 타당하다.

그러니 신데렐라 이야기가 인기 있는 세상이 아니라는 것을 그리 섭섭해할 일은 아니다. 돈과 권력을 가진 자를 부러워하면서도 그 힘으로만 세상이 굴러가는 것을 불편해하거나 지금보다 미래가 더 풍요로워지리라는 믿음이 무너진 세상에 대해 분노하고 사회적 정의에 관심을 기울이는 대중의 태도는 신데렐라 이야기를 인기 없는 서사로 만들 것이 분명하다. 하지만 그것이 꼭 부정적이라고 할 수 없다. 오히려 더 나은 세상을 만드는 동력이 될 수도 있다.

그런 점에서 신데렐라 이야기에 좀처럼 편히 마음을 주지 못하는 우리의 자화상이 그리 씁쓸한 것만은 아니며, 앞으로 세상에 대한 희망과 신뢰가 되살아나는 시기가 다시 온다 해도 신데렐라 이야기가 또다시 인기를 누릴지는 미지수다. 사랑과 결혼에 대해 대중이 지니는 기대와 태도의 변화도 이런 의심을 더욱 강화한다. 결혼으로 새로운 가족을 이루는 일이 인간의 일생에서 무엇보다도 중요한 일이라고 여기는 사고는 점차 해체되고 있다. 1인 가구 비율이 빠르게 상승하여 머지않아 절반에 육박할 것이 분명한 상황에서 결혼과 핏줄로 이어진 사람들이 경제 공동체를 이루고 사는 것이 당연하다는 상식 역시 점점 옅어지고 있다. 그러니 결혼을 통한 계층 상승에 대한 관심 역시 심드렁해질 수 있지 않겠는가.

그래서 한국 근현대사를 흘러온 민심의 결을 조금 더 정확히 살펴보고 미래를 전망하는 일은 아마 신데렐라 이야기만이 아니라 성공담, 복수담, 코미디, 공포물 같은 수많은 서사의 흐름을 함께 살펴보아야만 가능한 일일 것이다.

주

## 1 왜 '신데렐라 이야기'인가

1 김정란,《신데렐라와 소가 된 어머니》, 논장, 2004 참조.

2 박현수,〈산드룡, 재투성이왕비, 그리고 신데렐라〉,《상허학보》16, 2006, 252쪽.

3 권순긍,《〈콩쥐팥쥐전〉의 형성과정 재고찰〉,《고소설연구》34, 2012, 253~255쪽.

## 2 신파적 주인공과 신데렐라의 간극

1 이영미,《한국대중예술사, 신파성으로 읽다》, 푸른역사, 2016, 140쪽.

2 이영미,《한국대중예술사, 신파성으로 읽다》, 푸른역사, 2016, 140쪽.

## 3 신데렐라의 가능성 혹은 불가능성

I   장덕조, 《여자 삼십대》, 인화출판사, 1954, 5쪽; 장덕조, 《격랑》, 신태양사, 1959, 62쪽.

2   이영미, 《동백아가씨는 어디로 갔을까》, 인물과사상사, 2017, 135~155쪽.

## 4   익어가는 자본주의, 그 속의 사랑과 결혼

I   〈결혼상담소 중앙부인회서 신설〉, 《동아일보》 1957년 7월 17일.

2   〈이상기업 ① 결혼상담소〉, 《매일경제》 1967년 5월 13일.

## 5   신데렐라의 시대와 그 쇠락: 1990년대 이후

I   '야망의 콩쥐팥쥐'형 드라마에 대해서는 이영미, 〈야망과 불황〉, 《요즘 왜 이런 드라마가 뜨는 것인가》(푸른북스, 2014)에서 상세히 분석했다.

2   2000년대 이후 텔레비전드라마에서 복수담이 중요하게 부상하는 현상은 신주진, 《'복수 정동'의 이행 구조 연구: 2000년 이후 한국 TV드라마 '복수극'을 중심으로》(중앙대학교 박사학위논문, 2018)에서 상세히 다루었다.

3   이영미, 《대중예술 본색》, 우리교육, 2016, 126~137쪽.

4   〈삼포세대〉, 《다음백과》(https://100.daum.net/encyclopedia/view/47XXXXXXX d20).

5   김동인, 〈윤尹 찍은 부동산 표심은 종부세 경험한 부유층〉, 《시사인》 760호, 2022년 4월 12일, 27쪽.

# 참고문헌

**1차 자료**

---

**• 소설·희곡**

강신재,《신설》, 문원각, 1969

(미상),《며누리의 죽엄》, 세창서관, 1952

김내성,《실락원의 별》(총 3권), 삼성문화사, 1983

김내성,《쌍무지개 뜨는 언덕》, 맑은소리, 2002

김내성,《애인》(총 2권), 삼성문화사, 1985

김말봉,《한국장편문학대계 13-찔레꽃》, 성음사, 1970

김수현,《상처》, 문학예술사, 1978

문순태,《걸어서 하늘까지》, 창작과비평사, 1980

박계주,《박계주전집》(총 10권), 삼영출판사, 1975

박계주,《순애보》, 매일신보사, 1941

박계형,《결혼 그 뒤》, 청우각, 1970

박계형,《그 해 가을》, 대한출판사, 1968

박계형,《박계형대표작전집》(총 7권), 노벨문화사, 1971

박계형,《속 머무르고 싶었던 순간들》, 신아출판사, 1968

박계형,《영과 육의 갈림길에서》, 백영사, 1964

박계형,《이대로 살다 죽으리》, 토픽출판사, 1966

박계형,《젊음이 밤을 지날 때》, 상지사, 1967

박계형,《정이 가는 발자욱 소리》, 삼육출판사, 1968

박계형,《해가 지지 않는 땅》, 삼양사, 1970

박노홍 저, 김의경·유인경 편,《박노홍 전집》(총 5권), 연극과인간, 2008

박범신,《미지의 흰 새》, 동광사, 1979

박범신,《죽음보다 깊은 잠》, 문학예술사, 1979

박완서,《휘청거리는 오후》(총 2권), 창작과비평사, 1977

서연호 편,《한국 희곡 전집 4》, 태학사, 1996

신희수,《아름다운 수의》, 문학예술사, 1980

오자키 고요 저, 서서연 역,《금색야차》, 범우사, 1992

이광수, 김철 교주,《바로잡은〈무정〉》, 문학동네, 2004

장덕조,《격랑》, 신태양사, 1959

장덕조,《광풍, 누가 죄인이냐, 기타》, 민중서관, 1958

장덕조,《여인 삼십대》, 인화출판사, 1954

장덕조,《여인애가》, 영웅출판사, 1953

장덕조,《여자 삼십대》, 인화출판사, 1954

장덕조,《장미는 슬프다》, 희망사, 1957

전병순,《독신녀》, 자유문학사, 1977

전병순,《안개부인》, 자유문학사, 1979

정비석,《낭만열차》, 서울신문사, 1958

정비석,《도회의 정열》, 평범사, 1947

정비석,《민주어족》, 정음사, 1955

정비석,《여성의 적》, 정음사, 1956

정비석,《인생여정》, 문흥사, 1954

정비석,《자유부인》, 정음사, 1954

정연희,《석녀》, 문예사, 1969

조선작,《말괄량이 도시》, 서음출판사, 1977

조중환 저, 박진영 편,《불여귀》, 보고사, 2006

조중환 저, 박진영 편,《쌍옥루》, 현실문화연구, 2007

조해일,《갈 수 없는 나라》, 고려원, 1983

조해일,《겨울여자》(총 2권), 문학과지성사, 1977

진 웹스터 저, 공경희 역,《키다리 아저씨》, 비룡소, 2016

최인호,《내 마음의 풍차》(총 2권), 예문관, 1974

최인호,《도시의 사냥꾼》, 예문관, 1977

최인호,《별들의 고향》(총 2권), 예문관, 1973

최희숙,《슬픔은 강물처럼》, 신태양사, 1959

프랜시스 호지슨 버넷 저, 김경미 역,《소공녀》, 비룡소, 2015

• **영화(영상물과 극본 등)**

〈겨울여자〉, 화천공사, 1977

〈결혼 이야기〉, 익영영화사, 1992

〈내 몫까지 살아주〉, 연방영화, 1967

〈내가 버린 여자〉, 우성사, 1977

〈눈 나리는 밤〉, 삼영사, 1958

〈눈물〉, 샛별영화사, 1958

〈동백 아가씨〉, 한국예술영화사, 1964

〈떠날 때는 말 없이〉, 극동흥업, 1964

〈또순이〉, 세종영화주식회사, 1963

〈로맨스 그레이〉, 신필림, 1963

〈로맨스 빠빠〉, 신필림, 1960

〈마부〉, 화성영화, 1961

〈맨발의 청춘〉, 극동흥업, 1964

〈미워도 다시 한 번〉, 한진흥업, 1968

〈바보들의 행진〉, 화천공사, 1975

〈바보선언〉, 화천공사, 1984

〈박서방〉, 화성영화사, 1960

〈별들의 고향 (속)〉, 화천공사, 1978

〈별들의 고향〉, 화천공사, 1974

〈삼포 가는 길〉, 연방영화주식회사, 1975

〈신입사원 미스터 리〉, 극동흥업, 1962

〈쌀〉, 신필림, 1963

〈아빠 안녕〉, 동성영화사, 1963

〈영자의 전성시대〉, 태창흥업, 1975

〈왕십리〉, 우성사, 1976

〈울지마라 두 남매〉, 샛별영화사, 1960

〈월급봉투〉, 한국예술영화주식회사, 1964

〈위험한 청춘〉, 아세아필림, 1966

〈자유부인〉, 삼성영화사, 1956

〈저 눈밭에 사슴이〉, 대양영화사, 1969

〈저 언덕을 넘어서〉, 신필림, 1968

〈청춘행로(촌색시)〉, 예술영화사, 1949

〈초우〉, 극동흥업, 1966

〈치맛바람〉, 제일영화주식회사, 1967

〈폭풍의 사나이〉, 연방영화, 1968

〈해바라기 가족〉, 대성영화사, 1961

〈화산댁〉, 연방영화주식회사, 1968

〈회전의자〉, 합동영화주식회사, 1966

• **방송드라마**

〈가을동화〉, KBS, 2000

〈궁〉, MBC, 2006

〈꽃보다 남자〉, KBS, 2009

〈내 이름은 김삼순〉, MBC, 2005

〈대장금〉, MBC, 2003

〈더 킹: 영원의 군주〉, SBS, 2020

〈도깨비〉, TVN, 2016

〈두 번째 프로포즈〉, KBS, 2004

〈마지막 승부〉, MBC, 1994

〈멜로가 체질〉, JTBC, 2019

〈며느라기〉, kakaoTV, 2020

〈명랑소녀 성공기〉, SBS, 2002

〈모래성〉, MBC, 1988

〈모래시계〉, SBS, 1995

〈미스터 션샤인〉, TVN, 2018

〈미안하다 사랑한다〉, KBS, 2004

〈별은 내 가슴에〉, MBC, 1997

〈봄날〉, SBS, 2005

〈사랑과 야망〉, MBC, 1987

〈사랑과 진실〉, MBC, 1984

〈사랑을 그대 품 안에〉, MBC, 1994

〈사랑이 뭐길래〉, MBC, 1991

〈상속자들〉, SBS, 2013

〈세상 어디에도 없는 착한 남자〉, KBS, 2012

〈술꾼도시여자들〉, TVING, 2021

〈신데렐라〉, MBC, 1997

〈쌈, 마이웨이〉, KBS, 2017

〈야왕〉, SBS, 2013

〈여인천하〉, SBS, 2001

〈옥탑방 고양이〉, MBC, 2003

〈옥탑방 왕세자〉, SBS, 2012

〈이브의 모든 것〉, MBC, 2000

〈진실〉, MBC, 2000

〈질투〉, MBC, 1992

〈천국의 계단〉, SBS, 2003

〈청담동 앨리스〉, SBS, 2012

〈청춘시대〉, JTBC, 2016

〈청춘의 덫〉, SBS, 1999

〈태양의 후예〉, KBS, 2016

〈토마토〉, SBS, 1988

〈파리의 연인〉, SBS, 2004

〈파일럿〉, MBC, 1993

〈펜트하우스〉, SBS, 2020

〈풀하우스〉, SBS, 2004


## • 만화

김혜린, 《북해의 별》(총 11권), 팀매니아, 1996

미즈키 교코, 《캔디 캔디》(총 9권), 현우기획, 1988

박기정, 《도전자》(총 6권), 바다출판사, 2005

신일숙, 《라이언의 왕녀》(총 2권), 대화기획, 1994

신일숙, 《아르미안의 네 딸들》(총 14권), 대원문화출판사, 1996

와다나베 마사코, 《유리의 성》(총 7권), 새소년, 1994

이케다 리요코, 《베르사이유의 장미》(총 3권), 대원문화출판사, 1987

이케다 리요코, 《올훼스의 창》(총 18권), 대원씨아이, 2001

장은주, 《나를 아시나요》, 청강문화산업대학교, 2016

황미나, 《굿바이 미스터 블랙》(총 5권), 서울문화사, 1997

황미나, 《불새의 늪》(총 8권), 서울문화사, 1997

황미나, 《우리는 길 잃은 작은 새를 보았다》(총 6권), 서울문화사, 1998

황미나, 《유랑의 별》(총 4권), 타임, 1997

황미나, 《이오니아의 푸른 별》(총 5권), 산호, 1993


## 2차 자료

### • 단행본

강옥희, 《한국근대대중소설연구》, 깊은샘, 2000

권보드래 외, 《아프레걸 사상계를 읽다》, 동국대학교 출판부, 2009

권보드래·천정환, 《60년대를 묻다》, 천년의상상, 2012

권정희, 《호토토기스의 변용》, 소명출판, 2011

김미현 편, 《한국영화사-개화기에서 개화기까지》, 커뮤니케이션북스, 2006

김소원, 《시대가 그려낸 소녀》, 소명출판, 2021

김정란, 《신데렐라와 소가 된 어머니》, 논장, 2004

김현주, 《대중소설의 문화론적 연구》, 한국학술정보(주), 2005

대중서사장르연구회 편, 《대중서사장르의 모든 것1 -멜로드라마》, 이론과실천사, 2007

박인하, 《누가 캔디를 모함했나》, 살림, 2000

박인하·김낙호, 《한국현대만화사 1945-2009》, 두보북스, 2010

박찬호, 《한국가요사》(총 2권), 미지북스, 2009

박헌호 편저, 《센티멘탈 이광수-감성과 이데올로기》, 소명출판, 2013

유지나 외,《멜로드라마란 무엇인가-〈자유부인〉에서 〈접속〉까지》, 민음사, 1999

이영미 외,《김내성 연구》, 소명출판, 2011

이영미 외,《정비석 연구》, 소명출판, 2013

이영미,《대중예술본색》, 우리교육, 2016

이영미,《동백아가씨는 어디로 갔을까》, 인물과사상사, 2017

이영미,《서태지와 꽃다지》, 한울, 1995

이영미,《세시봉, 서태지와 트로트를 부르다》, 두리미디어, 2011

이영미,《요즘 왜 이런 드라마가 뜨는 것인가》, 푸른북스, 2014

이영미,《한국대중가요사》, 민속원, 2006

이영미,《한국대중예술사, 신파성으로 읽다》, 푸른역사, 2016

이영일,《한국영화전사》, 소도, 2004

이임자,《한국 출판과 베스트셀러》, 경인문화사, 1998

이정옥,《1930년대 한국 대중소설의 이해》, 국학자료원, 2000

이호걸,《눈물과 정치》, 따비, 2018

주유신·신강호·강성률·유지나,《신영균, 한국영화의 남성 아이콘-머슴에서 왕까지》,
    한국영상자료원, 2012

진선영,《한국 대중연애서사의 이데올로기와 미학》, 소명출판, 2013

천정환·정종현,《대한민국 독서사》, 서해문집, 2018

최미진,《1960년대 대중소설의 서사전략 연구》, 푸른사상, 2006

최미진,《한국 대중소설의 틈새와 심층》, 푸른사상, 2006

피터 브룩스 저, 이승희·이혜령·최승연 역,《멜로드라마적 상상력》, 소명출판, 2013

한국영상자료원 편,《한국영화사 공부 1960-1970》, 이채, 2004

한국예술연구소 편,《한국현대예술사대계》(총 6권), 시공사, 2005

• 논문 외

강영희, 〈일제강점기 신파양식에 대한 연구〉, 서울대학교 석사학위논문, 1989

권김현영, 〈순정만화, 여성들의 정서적 문화동맹〉, 《여성과 사회》 12, 2001

권순긍, 《《콩쥐팥쥐전》의 형성과정 재고찰〉, 《고소설연구》 34, 2012

김복순, 〈1960년대 소설의 연애전유 양상과 젠더〉, 《대중서사연구》 19, 2008

김성환, 《1970년대 대중소설에 나타난 욕망 구조 연구》, 서울대학교 박사학위논문, 2009

김은경, 〈한국전쟁 후 재건윤리로서의 '전통론'과 여성〉, 《아시아여성연구》 45-2, 2006

김은미, 〈세대별로 살펴본 순정만화의 페미니즘적 성취〉, 《대중서사연구》 13, 2005

노제운, 〈한국 전래동화의 원형과 변용에 관한 연구-〈콩쥐팥쥐〉 이야기를 중심으로〉, 《어문논집》 59, 2009

박진영, 〈'이수일과 심순애 이야기'의 대중문예적 성격과 계보-〈장한몽〉 연구〉, 《현대문학의 연구》 23, 2004

박현수, 〈산드룡, 재투성이왕비, 그리고 신데렐라-한국 근대 번역동화의 정전 형성과 그 의미〉, 《상허학보》 16, 2006

서영채, 〈죄의식, 원한, 근대성: 소세키와 이광수〉, 《한국현대문학연구》 35, 2011

서영채, 〈텍스트의 귀환: 《무정》, 《금색야차》, 《적과 흑》을 통해 본 텍스트 생산의 주체와 연구의 윤리〉, 《한국현대문학연구》 33, 2011

신주진, 《'복수 정동'의 이행 구조 연구: 2000년 이후 한국 TV드라마 '복수극'을 중심으로》, 중앙대학교 박사학위논문, 2018

윤석진, 《1960년대 멜로드라마 연구》, 한양대학교 박사학위논문, 2000

이순진, 〈1963년에서 71년까지의 한국영화와 여성〉, 주진숙·장미희·변재란 외, 《한국여성영화인사전》, 소도, 2001

이순진, 〈한국영화사 연구의 현단계-신파, 멜로드라마, 리얼리즘 담론을 중심으로〉, 《대중서사연구》 12, 2004

이영미, 〈말문학/글문학, 한국문학사의 새 판 짜기〉, 천정환·소영현·임태훈 외, 《문학사 이후의 문학사》, 푸른역사, 2013

이영미, 〈한국식 팝의 형성과 변화: 스탠더드팝과 발라드〉, 김창남 편, 《대중음악의 이해》, 한울, 2012